일본에서 가장 행복한 지역주민

日本でいちばん幸せな県民

한국지방행정연구원·한국행정DB센타

일본에서 가장 행복한 지역주민
日本でいちばん幸せな県民

1판 1쇄 인쇄 ‖ 2012년 11월 25일
1판 1쇄 발행 ‖ 2012년 12월 05일

편저자 ‖ 사카모토 코우지(坂本光司)
역 자 ‖ 임정빈
감수자 ‖ 금창호
발행인 ‖ 한표환 / 박길성
발행처 ‖ 한국지방행정연구원 / 한국행정DB센타
주 소 ‖ 서울특별시 서초구 반포대로30길 12-6
서울특별시 영등포구 국회대로68길 23 정원빌딩 6층
홈페이지 ‖ www.krila.re.kr
www.admindb.co.kr
전 화 ‖ 한국지방행정연구원 02-3488-7300
한국행정DB센타 02-2269-7206
이 메 일 ‖ dbcenter@paran.com
출판등록 ‖ 2000년 6월 14일(제2011-000078호)

공급처 ‖ (주)글로벌콘텐츠출판그룹
대 표 ‖ 홍정표
주 소 ‖ 서울특별시 강동구 길동 349-6 정일빌딩 401호
전 화 ‖ 02-488-3280 팩 스 ‖ 02-488-3281
홈페이지 ‖ www.gcbook.co.kr
이 메 일 ‖ edit@gcbook.co.kr

값 15,000원
ISBN 978-89-92072-12-0 93350

발 간 사

최근에 경제 민주화가 사회적 이슈로 제기되고 있다. 일각에서는 민주주의란 정치 민주화와 더불어 경제 민주화가 달성될 때 비로소 실현된다고도 한다. 그동안 우리나라 경제의 양적성장에 대한 비판과 더불어 양극화를 해소하기 위한 정책적 대응으로 보여 진다. 정치 민주화나 경제 민주화가 추구하는 근본 목적은 전체 국민의 삶이 풍요로운 동시에 만족도가 높아지는 것이다. 이러한 흐름은 지방자치단체도 예외일 수 없다. 지방자치가 구현하고자 하는 근본 목적이 지역주민의 복지증진에 있고, 이는 결국 지역주민 개개인의 삶이 풍요로운 동시에 만족도가 높아지는 것으로 실현된다.

지역주민의 만족도나 행복도를 측정하여 지방자치단체의 정책방향을 설정하고자 하는 노력이 최근 일본에서 활발하게 나타나고 있다. 일본은 지역주민의 행복도를 측정하기 위한 지표를 개발하고, 이를 전체 도도부현에 적용하여 "행복도의 우열"이라는 관점에서 각 도도부현을 서열화하고 있다. 이와 같은 사례가 향후 우리나라의 지방자치단체들이 정책방향을 설정할 때 도움이 될 수 있을 것이다. 이에 따라 "幸福度指數硏究會"에서 발간한 "일본에서 가장 행복한 현민(日本でいちばん幸せな県民)"을 번역하여 출간하게 되었다.

본 책자는 지역주민의 행복도라는 관점에서 도도부현의 수준을 측정하고, 이를 기초로 행복도를 제고하기 위한 각 도도부현의 정책개발에 시사점을 제공해 주고 있다. 이에 따라 책자의 전체 내용을 4개의 장으로 구성하고 있다. 제1장에서는 일본에서 지역주민의 행복도가 등장하게 된 배경을 설명하고 있고, 제2장에서는 행복도를 측정하는 지표별 도도부현의 서열을 알기 쉽게 제시하고 있으며, 제3장에서는 도도부현별 행복도의 실상을 파악할 수 있도록 행복도의 지표별 순위를 보여주고 있으며, 제4장에서는 지역주민의 행복도를 제고하기 위한 지역발전의 7개 관점을 설명하고 있다.

아무쪼록 본 책자가 경제 민주화라는 담론이 쟁점화되고 있는 상황에서 국가차원뿐만 아니라 지방차원에서도 정책결정의 주요한 정보로 활용되기를 기대한다. 더불어서 본 책자를 편역하는데 심혈을 기울여준 연구진에게도 감사를 드린다.

2012년 12월

한국지방행정연구원장 **한표환**

들어가며

최근 GNP나 GDP라고 하는 경제적 규모나 풍요가 아니라, 그곳에 거주하는 사람들의 행복도나 만족도, 즉 GNH(국민총행복도)가 보다 강하게 요구되어지고 있다. 본서는 이러한 시대변화에 따라 지역주민의 행복도란 관점에서 47개 도도부현의 행복도 현실에 대하여 지표화·서열화한 것이다.

조사연구의 방법은 지역의 행복도를 객관적으로 보여주고 있다고 생각되는 지표를 다양한 사회경제통계를 활용·추출하는 방법으로 착수하였다. 당초 추출된 지표는 60개가 넘었지만, 지표마다 상세한 검토를 통하여 이번에는 그중에서도 특히 지역주민의 행복도를 보여줄 수 있다고 생각되는 40개 지표를 선정하여 분석·평가를 행하였다.

평가방법은 40개 지표마다 '행복도의 우열'이라는 관점에서 제1위부터 제47위까지 서열을 부여하고, 그 랭킹을 상위로부터 순서대로 10개로 그룹핑하여(5위마다 1점씩 차감) 10점, 9점, …, 그리고 1점으로 10단계 평가를 행하였다. 그리고 40개 지표의 평점을 합계하여, 그것을 40으로 나눈 평균평점을 구하여 서열화한 것이다.

본 조사연구의 목적은 47개 도도부현민의 행복도에 서열이나 평점을 부여하는 것은 아니다. 우리의 생각은 서열이나 평점을 통한 객관적 사실에 기반하여 문제의 소재를 이해·인식하고, 그것에 토대하여 지역주민의 행복도만들기대책, 즉 지역주민이 행복하게 되는 지역만들기를 이야기하고 싶은 것이다.

본서는 호세이대학(法政大學)대학원 시즈오카캠퍼스에서 개설하고 있는 '지역경제학'을 수강하고 있는 사회인 석사과정학생과 과목을 이수한 사회인 학생이 '지역경제의 분석·평가기법'을 배우면서 강의시간내외의 활동을 통해 분담, 집필한 것이다.

조사연구를 한 학생은 전원이 주간에는 다양한 조직의 중추로서 일하고, 그후 저녁 6시 30분부터 9시 40분까지 개설된 대학원에 공부하러 온 적극 과감한 사회인이다. 총 8회에 걸쳐 의논을 거듭했지만, 이 분야는 거의 선행연구가 없는 조사연구이고, 우리가 추출한 지표와 연구방법이 최선이라고는 결코 생각하지 않는다. 그 하나가 어떤 해의 경우 데이터(data)가 없어 과거 5년간의 경향치를 사용한 것이다. 향후 조사연구를 심화하고, 정밀도를 높이고, 정기적으로 '47도도부현민의 행복도지표·랭킹'으로 하여 지역에 제시하고 싶다.

더하여 본 조사연구에 있어 관계성청의 직원에게는 바쁜 업무에도 불구하고 자료제공 등에 있어 헌신적으로 협력해 준 점, 이 자리를 빌어 깊은 감사를 드린다.

본 조사연구가 지역주민의 행복도를 중시한 지역만들기를 주야로 고민하고, 실천하고 있는 관계자에게 조금이라도 참고가 되면 다행이라 하겠다.

2011년 10월

호세이대학대학원 정책창조연구과 교수 坂本光司

행복도지수연구회

차 례

제1장

GNP·GDP로부터 GNH로

1 | 일본의 낮은 GNH

생활만족도는 높아지지 않았다

최근 GNH라는 말을 자주 보고 듣게 된다. GNH는 Gross National Happiness의 약어로 일반적으로 '국민총행복도'나 '국민총행복량' 등으로 번역되어진다. 이제까지의 국가발전, 지역발전, 더해서 기업발전에서는 GNP(국민총생산)나 GDP(국내총생산), 즉 경제력이나 생산력이라고 하는 경제의 규모나 강함을 측정하는 척도가 사용되어 왔다.

그러나 이제부터는 GNH, 즉 사람의 행복도라고 하는 새로운 기준으로 국가발전, 지역발전, 기업발전을 추진해 나가고자 하는 생각이다. 이런 변화와 움직임에 일본의 많은 사람들이 관심을 가지기 시작한 것은 당연한 일이다. 세계의 많은 국가들, 특히 미개발국의 혜택받지 못하고 있는 생활실태를 보면, 이정도까지 윤택한 생활을 하고 있는 일본임에도 불구하고 삶에 있어서 여전히 행복을 느끼고 있지 않은 사람이 많기 때문이다.

예를 들어 내각부가 정기적으로 실시하고 있는 '국민생활에 관한 여론조사(2009년)'에서 보면, 현재의 생활에 '만족하고 있는' 사람의 비율은 61%, '불만족하고 있는' 사람의 비율은 38%이다. '만족하고 있다'로부터 '불만족하고 있는' 사람의 비율을 뺀 '행복도DI수치'를 보면 불과 23%이다.

이와 관련하여 전후 혼란의 와중, 경제적으로 빈곤했던 51년전 1958년의 '국민생활에 관한 여론조사'를 보면, '만족하고 있는' 사람의 비율은 60%, '만족하지 않는' 사람의 비율은 38%, '행복도DI수치'는 22%이다.

50년 사이에 일본의 경제적, 물질적 풍요는 틀림없이 10배 이상은 되었을텐데, 또 그러한 경제적 풍요가 최근 순위가 떨어지긴 했지만 여전히 세계 톱클래스의 풍요를 누리고 있음에도 불구하고, 그 만족도는 거의 높아지지 않고 있다.

소중한 것을 잊어버린 일본

이러한 것을 보여주는 데이터(data)가 하나있다. 2011년 5월, 경제협력개발기구(OECD)가 창립 50주년을 기념하여, '보다 나은 삶의 지표'(Your Better Life Index : BLI)를 개발하였다. 이것은 삶의 11개 분야에 대하여 34개 가맹국을 비교하여, 평가

및 랭킹을 매긴 것이다. 11개 분야는 ① 주거, ② 수입, ③ 고용, ④ 공동체(커뮤니티), ⑤ 교육, ⑥ 환경, ⑦ 거버넌스, ⑧ 건강, ⑨ 생활, ⑩ 안전, ⑪ 워크라이프(work-life) 밸런스이다.

행복도와의 관계성이 강한 '생활의 만족도'를 보면, '만족'이라고 답한 사람의 비율이 OECD 평균이 59%인데 비하여, 일본은 40%이다. 또 '공동체(커뮤니티)'의 항목을 보면, '과거 1개월 사이에 타인에게 도움을 준 적이 있는 사람', 즉 자원봉사를 한 사람의 비율이 불과 23%로 OECD국가들 가운데서 가장 낮은 편이다. 더하여 '친구나 동료들과 함께 보내는 시간'도 '거의 없다', '전혀 없다'라고 응답한 사람의 비율이 15%로 이것은 최고치이다.

물론 만족도와 행복도가 반드시 동일한 것은 아니지만, 결국 '경제적 풍요함을 어느 정도 높여도 사람은 행복하게 되는 것은 아니다'란 증거라고 생각한다.

사실 최근 조직과 사회에 적응하지 못해 정신적으로 병을 안고 있는 사람들이 해마다 증가추세이다. 그뿐인가 이것을 참지 못하고, 누군가와도 상담 받지 못해 스스로의 목숨을 끊는 사람들이 과거 10년간, 매년 실제로 3만 명을 초과하고 있다. 지구상에는 기아의 고통으로 굶어죽는 사람의 수가 매일 약 3만 명이 된다고 알려져 있지만, 일본에서는 먹을 것이 없다고 하는 경제적 이유가 아닌 마음의 병으로 매년 많은 사람이 자살하고 있는 것이다.

앞 시대의 사람들이 이런 세상이 될 것을 전망하고, 열심히 일해 온 것은 아닐 것이라고 생각한다. 경제적, 물질적인 풍요를 척도로 그것을 추구한 결과, 또 조직사회에 있어서는 극단적인 승리자와 패배자를 만들어 내는 경쟁사회의 속, 어딘가에서 우리는 소중한 것을 망각해 버린 것이다.

약자를 배려하고, 고령자를 공경하는 마음

일본인들이 소중한 것을 잊어버렸다고 생각되는 것을 여러 곳에서 발견할 수 있다. 예를 들면 한 조사에 의하면, 버스나 전차 속에서 장애인이나 고령자들에게 자리를 양보하는 사람은 영국인이 약 60%, 미국인이 약 50%인데 비하여 일본인들은 불과 18%에 지나지 않았다.

일전에도 전철 안에서 불쾌한 체험을 하였다. 3일간 원격지의 기업조사를 끝내고, 대형가방을 끌면서, 전철에 타고 있을 때의 일이다. 다행이 나는 빨리 줄을 서서, 차량의 거의 가운데 좌석에 앉을 수가 있었다. 솔직히 기진맥진하여 있던터라 안도하였다.

앉지 못하고 서있는 사람도 많았다. 이윽고 전철은 달리기 시작하였다. 우연히 전철 안을 둘러보다가 출입구 가까이에 할머니 한 분이 난간을 붙잡고, 무거운 짐을 들고서 계신 것이 보였다. 솔직히 서있는 것도 힘들 것 같은 할머니였다. 할머니의 옆쪽 좌석은 경로석이었지만, 거기에는 아무리 봐도 장애인이나 고령자라고 생각되지 않는 사람이 앉아 있었다. 그리고 신문이나 휴대폰을 보거나, 옆자리의 동료와 즐거운 듯이 이야기하고 있었지만, 자리를 양보하려고 하는 사람은 한 명도 없었다.

나는 할머니와는 꽤 먼 거리에 앉아 있어, 큰소리를 낼 형편이 안 되었기 때문에, 옆자리의 중년여성에게 "저기 서 계신 할머니를 이 자리에 앉으시라고 불러오려고 하는데, 자리를 맡아 주세요"라고 부탁하고는, 그 할머니에게 가서 내가 앉았던 자리로 모셔 왔다. 그 할머니의 안도한 표정을 지금도 잊을 수 없다.

이런 것은 사실 한 예이지만, 이런 상황에 직면했을 때 일본인들은 어떻게 반응할까? 전후의 힘든 시기, 많은 사람들이 가지고 있었던 약자나 인생의 선배를 배려하고 공경하는 마음을 어디서 망각해 버린 것일까라고… 공연히 슬퍼진다.

2 | 일본에서 가장 소중히 하고 싶은 기준

사원과 그 가족을 소중히 여기는 경영

나는 2008년 '일본에서 가장 소중히 하고 싶은 회사'를, 그리고 2010년에는 많은 독자의 요청을 받아들여 '일본에서 가장 소중히 하고 싶은 회사 2'를 집필하였다. 두 책을 합하면, 약 50만 명의 독자가 읽어주어 비즈니스서적으로는 이례적으로 장기베스트셀러가 되었고, 많은 매스컴에서의 취재도 있었다.

책에는 '기업경영이란 업적을 높인다든지, 성장발전을 시키는 것이 아니라 조직에 관련된 전체 사람들이 영원한 행복을 추구하는 활동이다. 업적이나 성장은 "사람을 행복하게 한다"라는 기업의 참된 목적을 추구하는건지 아닌지, 완수한건지 아닌지에 대한 결과적인 현상이며, 그것이 목적으로 추구해야할 것은 아니다. 그리고 기업이 관계하는 전체 사람들 중에 특히 그 행복을 추구해야만 하는 사람은 ① 사원과 그의 가족, ② 외주처와 구매처에서 일하는 사외사원과 그 가족, ③ 고객, ④ 장애인과 고령자 등

지역에 거주하는 사회적 약자, ⑤ 주주·출자자의 5개 유형 사람'이라고 명기하고, 이들 5유형의 사람중에서 '가장 소중히 해야 할 사람은 사원과 그 가족'이라고 서술하였다.

이제까지 경영학의 정설은 주주중시, 고객중시여서 사원과 사외사원은 수단이나 도구라는 관점과 생각이 압도적 다수였다. 나는 '일본에서 가장 소중히 하고 싶은 회사'란 책을 통하여 그러한 관점과 생각을 근본적으로 부정한 것이다.

GNH가 요구되어진다

책을 읽은 각계각층의 많은 사람들이 나에게 직접 메일이나 편지, 팩스 더하여 전화를 주었다. 그 수는 현재도 계속되고 있지만, 1,000명을 넘어섰다. 어느 경영인으로부터는 '책을 읽고 자신의 경영관, 추진방법이 잘못되었다는 것을 알았습니다', '나는 이전에 도산한 회사의 경영인이었습니다만, 책을 읽고 왜 회사가 무너지게 된건지 잘 알게 되었습니다. 본인의 회사는 무너질 수밖에 없어 무너지게 되었다고 생각합니다', 또 일부 경영인으로부터는 '아무래도 주위의 경영인과 경영관, 추진방법이 다른 것도 있고, 실천하고 있는 사원중시의 경영에 솔직히 불안한 마음도 있습니다만, 이 책을 읽고 확신을 가졌습니다. 이제부터라도 사원제일주의 경영을 행하겠습니다'라는 이야기를 들었다.

또 사원분들로부터도 많은 연락이 있었다. 어떤 대기업 외주과(外注課)의 주임으로부터의 편지이다. '매일 기름투성이, 땀투성이로 우리의 일을 해주고 있는 외주업체에 대해 코스트다운(cost down)을 하라는 상사로부터의 지시가 있었습니다. 내가 담당하고 있던 외주업체는 규모가 작은 기업이 많고, 태반은 적자이거나 겨우 수지를 맞추는 상황입니다. 한편 우리 회사는 이전과 비교하여 이익률이 내려갔다고는 하지만, 지금도 5% 전후입니다. 외주기업의 사장이나 거기서 열심히 일하고 있는 사원과 그의 가족의 생활을 생각하면, 상사의 지시는 도저히 말할 수 없었습니다….'

오스트레일리아의 기업에서 일하는 여성으로부터는 다음과 같은 메일이 있었다. '나는 이전, 일본의 유명한 브랜드기업에 근무하였습니다. 업적중시·주주중시·성장중시·경쟁중시의 경영에 지칠대로 지쳐 몹시 혐오하게 되었고, 이상적인 회사를 찾아 지금은 오스트레일리아로 이주하여 현지 회사에서 일하고 있습니다. 책을 읽고 '이렇게도 사람에게 친절한, 사람의 행복을 추구하는 회사가 일본에 있다'라는 것을 처음

알았습니다. 한 번 더 일본에 돌아가고 싶어졌습니다….'

전국의 대학생으로부터도 많은 메일이 있었습니다. '우리들의 취직활동, 회사선택은 잘못되었습니다. 브랜드나 규모, 급료, 복리후생 등에서 어떻게라도 더 좋은 것을 중시하면서, 정작 가장 소중한 것을 잊어버리고 말았습니다. 이제 다시 원점으로 돌아가 취직처를 찾겠습니다.'

이런 메일이나 편지를 읽고, 분명하게 일본인들은 GNP나 GDP가 아닌 GNH를 중시하는 사회나 직장을 추구하고 있다는 것을 실감하였다. 또 지도자의 좋은 리더십에 의하여 국가의 모습이나 기업의 모습이 변할 수 있다는 확신을 하였다.

3 | 부탄국왕의 제창과 아라카와구(荒川区)의 GAH 구상

경제우선이 초래한 것

지금으로부터 35년 전인 1976년, 현 스리랑카의 콜롬보에서 제5회 비동맹제국회의(非同盟諸國會議)가 개최되었다. 여기에 출석한 당시의 부탄국왕이 'GNH는 GNP 보다도 중요하다'라고 처음으로 'GNH'라는 말을 소개하였다. 부탄국왕이 발언한 'GNH'란 말의 의미는 'GNP도 중요하지만, 자연환경이나 문화전통 등을 파괴하고, 가족, 친구, 지역의 연대를 희생하는 경제성장은 도저히 국가목표로 할 수 없다'라고 말한 것이다.

그러나 당시 세계의 많은 나라에서는 경제우선, 성장우선이라는 사고와 국가목표가 주류를 이루었고, 히말라야산맥의 산기슭에 위치한 해발 3,000미터, 인구 70만 소국(부탄)의 국가발전방향이나 세계에 대한 호소는 그 이후 한참동안 주목받지 못하였다. 그뿐만 아니라 이 중요한 문제제기는 그 이후 점차 잊혀지고, 세계의 주요국은 물론 개발도상국도 하나같이 GNP, GDP를 재차 경쟁하기 시작하였다.

이러한 경제우선, 성장우선이라고 하는 국가목표, 기업목표는 그 이후 버블붕괴나 리만쇼크, 더하여 잇따른 금융파산, 경영파산을 불러일으켰다. 또한 성장우선의 경제는 세계적 차원의 환경파괴, 그 결과로써 지구온난화문제를 야기시켜 온 것이다. 결국 우리가 살고있는 지구가 위태로운 것이다. 경제우선, 성장우선이라고 하는 국가발전, 기업발전의 척도를 근본적으로 방향전환하는 문제를 이젠 피할 수 없게 된 것이다.

GNH를 중시하는 지역만들기

이런 와중에서 당시 부탄국왕이 제창한 GNH가 새삼 주목받게 되었다. 이 세계적인 흐름속에서 GNH를 중시하는 지역발전을 행하고자 하는 자치체가 일본에서도 최근 증가하고 있다. 그 대표격이 동경도의 아라카와구(荒川区)다.

아라카와구의 현 구청장인 西川太一郎씨는 2004년 구청장에 당선되었을 때, '구정은 구민을 행복하게 하는 시스템이다'를 홈페이지(Homepage)에 게재하고, 아라카와구민의 총행복도를 높이는 것에 최대의 사명과 책임을 두었다. 그리고 아라카와구민 총행복도는 GNH를 본떠 GAH(Gross Arakawa Hapiness)라고 이름붙였다. 아라카와구청장이 게재한 GAH 구상은 전체 구민의 행복도를 높이는 것이지만, 우선은 '불행하다고 생각하는 사람을 줄이는 것'에 중점을 두고 시작하였다.

4 | 행복한 사람을 창조해 내는 회사를 늘린다

같은 움직임이 기업경영의 분야에서도 일어나고 있다. 그중 하나가 '일본에서 가장 소중히 하고싶은 회사 대상'이라고 하는 표창제도로서, 이는 2010년도에 아사출판(あさ出版), 일간공업신문사(日刊工業新聞社), 그리고 호세이대학(法政大學)의 3자에 의하여 창설되었다. 물론 경제산업성이나 중소기업청도 전면적으로 협력하고 있는 제도이다.

업적이나 기술의 우위성 등을 평가하는 지금까지와의 표창제도와는 달리 올바른 경영을 행하고 있는 회사, 즉 사람을 소중히 여기는 경영을 실천하는 회사를 증가시키는 것이 목적이다.

본 제도의 응모자격이나 심사기준은 표1과 표2에서 제시하고 있는데, 주된 항목은 다음과 같다.

① 과거 5년간 사원에 대한 강제적인 인원정리나 희망퇴직 등을 한 번도 행하지 않았을 것

② 과거 5년간 중대한 노동재해가 1건도 없을 것

③ 과거 5년간 장애인 고용률이 1.8% 이상일 것

④ 과거 5년간 준수해야할 법률·규제 등에 있어 수행 상 문제가 1건도 없을 것

⑤ 과거 5년간 외주처나 구매처에 일방적인, 그리고 두 자릿수의 코스트다운(cast down) 등을 한 번도 행하지 않았을 것

⑥ 과거 5년간 정규사원의 연평균 이직률이 5% 이하일 것

⑦ 정규사원·비정규사원을 불문하고, 전체의 사원이 70세 이상까지 일할 수 있는 기회가 마련되어 있을 것

⑧ 과거 5년간 경상흑자경영일 것 등이다.

이처럼 '업적의 여하'가 아닌 '사람을 행복하게 하고 있는가 아닌가'라고 하는 척도는 지금까지의 많은 표창제도에서는 거의 없었다. 그러나 이러한 기준에 해당하는 기업이야말로 많은 사람이 원하고 있다고 생각한다.

기준을 새로운 척도로 하여 올바른 경영을 행하는 기업이 증가하여 준다면, 행복하다고 생각하는 사람이 증가해 갈 것이라고 생각한다. 그리하여 다시 일본이 세계의 사람들에게 동경의 대상이 되는 국가로 변화·변모해 가는 것이 우리의 간절한 바람이다.

〈표 1〉 응모자격(2010년 10월 현재)

과거 5년 이상에 걸쳐, 아래의 7개 조건 중 5개 이상에 해당되는가?

	항목
1	인원정리를 하고 있지 않다.
2	외주기업·구매기업 등에 대해 일방적인 코스트다운을 행하지 않는다.
3	고객의 재구매율이 업계평균을 대폭 상회하고 있다.
4	장애인 고용률은 1.8% 이상이다.
5	흑자경영(매상고경상이익률)이다.
6	준수해야할 법률·규제에 있어 이행상 문제가 없다.
7	무엇인가 사회적 공헌활동을 계속하고 있다.

〈표 2〉 심사기준(2010년 10월 현재)

1. 종업원과 가족에 관한 것		
①	과거5년간 연간평균이직률(제외 : 정년퇴직, 결혼퇴사, 질병퇴사 등)	%
②	과거5년간 인원정리·희망퇴직 등의 실시	□없음 □있음
③	과거5년간 사망 또는 중상 등 중대노동재해의 발생	□없음 □있음
④	과거5년간 노동분쟁의 발생	□없음 □있음
⑤	과거5년간 사원만족도조사의 실시	□없음 □있음
⑥	과거5년간 총 실재노동시간에 대한 평균교육훈련시간의 비율	%
⑦	현재 전체 사원에서 점하는 정규사원 비율	%
⑧	사원가족에 대한 독자적인 복리후생제도	□다수있음 □복수있음 □없음
⑨	사원에 대한 결산내용 등의 경영정보 공개	□있음 □없음
⑩	현재의 정년연령	
⑪	과거 5년간 연차유급휴가의 평균취득률	
⑫	전체 사원에 대한 70세 이상까지의 취업 기회	□있음 □없음
2. 외주처, 구매처에 관한 것		
①	과거 5년간 외주처·구매처에 대한 2자리수의 코스트다운 요청	□없음 □있음
②	과거 5년간 발주단가는 쌍방이 대등한 입장에서 합리적 결정	□예 □아니오
③	과거 5년간 진행되고 있는 일을 기존의 외주처·구매처 등에 충분히 상담하지 않고, 타사로부터 견적서를 받은 적이 있는가	□없음 □있음
④	과거 5년간 자사의 상품을 구입하게 한다든지, 자사의 정년 퇴직자 등의 사원을 반강제적으로 취직시킨 적이 있는가	□없음 □있음
⑤	과거 5년간 외주처, 구매처 등에 향후 수요동향 등에 대한 충분한 정보를 게시하고 있는가	□예 □아니오
⑥	과거 5년간 외주처, 구매처 등에도 충분한 교육, 연구기회를 부여하고 있는가	□예 □아니오
3. 고객에 관한 것		
①	과거 5년간 평균 재구매율 (고객수 베이스)	%

②	과거 5년간 고객만족도조사의 실시	□있음 □없음
③	과거 5년간 고객으로부터의 소송건수	건
④	행동기준은 '언제라도 회사가 아니라, 고객에게 가장 좋은 것을 생각한다'이다	□예 □아니오
4. 장애인 고용 및 사회공헌에 관한 것		
①	과거 5년간 평균 장애인 고용률	%
②	과거 5년간 장애인고용에서 점하는 중증장애인수	%
③	과거 5년간 장애인의 평균 정규사원 비율	%
④	과거 5년간 준수해야할 법률, 규제에 있어 이행상의 문제	□없음 □있음
⑤	지역사회나 세계의 약자에 대한 지원활동 실시	□있음 □없음
⑥	지역사회 문화향상에 대한 주체적 활동 실시	□있음 □없음
5. 주주 등에 관한 것		
①	과거 5년간 평균매상고 경상이익률	%
②	전사원이 자사주를 가지는 구조	□있음 □없음
③	과거 5년간 평균배당률	
6. 기업발전을 위한 포석		
①	사원이 꿈을 가지고 있는 기업이념, 비전이 있다	□있음 □없음
②	비전실시를 위해 중장기경영계획이 책정되어 있다.	□예 □아니오
③	수치뿐 아니라 경영전략, 조직문화를 포함한 PDCA가 실행되고 있다.	□예 □아니오
④	총 자본대비 자기자본비율	%
⑤	차입금의 월차매상고에 대한 비율	%

제2장

행복도 전국순위

1 | 지표별 랭킹

행복도를 측정하는 척도로서 '생활·가족부문', '노동·기업부문', '안전·안심부문', '의료·건강부문'의 4개 부문으로 분류, 총 40개의 지표를 추출하여 랭킹을 부여하였다.

살기좋은 현은 어디인가? [생활·가족부문]

[사용지표]

1. 합계특수출생률	2009년 전국평균 '합계특수출생률'은 1.37인이다. 큐슈, 오키나와지구와 후쿠이현, 시마네현이 전체적으로 높고, 역으로 도쿄도 등 대도시권이 전체적으로 낮다.
2. 미혼율	2009년 전국평균 '미혼율'은 35.5%이다. 낮은 수치가 랭킹 상위이다. 대도시권과 그 주변 현에서 미혼율이 높은 경향이 보여진다.
3. 전입률	2009년 전국평균 '전입률'은 1.99%이다. 도쿄도, 치바현, 카나가와현과 도쿄권이 높다. 인구규모가 작으면서도 사가현, 카가와현은 의외로 높은 수치이다.
4. 교제비비율	2009년 전국평균의 세대소비지출에서 점하는 '교제비비율'은 6.9%이다. 인구규모에 다른 큰 차이는 발견할 수 없지만, 지역적으로는 미야기현을 제외한 큐슈에서 높은 경향이 있다.
5. 주택보유율	2009년 전국평균 '주택보유율'은 61.1%이다. 높은 곳은 아키타현, 토야마현, 후쿠이현과 인구규모가 작은 현들 모두이다. 당연히 대도시권의 비율은 낮다.
6. 1인당다다미수(평수)	2009년 전국평균 자기주택의 '1인당 다다미수(장)'는 14.25장이다. 이것도 대도시권이 낮은 경향을 보이지만, 지방권의 불균형도 크다.
7. 하수도보급률	2009년 전국평균 '하수도보급률'은 73.7%이다. 높은 곳은 도쿄도, 카나가와현, 오사카부와 대도시권 모두이다. 역으로 가장 낮은 곳은 대도시권으로부터 멀리 떨어진 모든 지역이다.
8. 생활보호피보호실인원비율	2008년 전국평균 '생활보호 피보호실인원비율'은 12.5%이다. 낮은 수치가 랭킹의 상위이다. 관동내륙, 호쿠리쿠(北陸)지역를 포함한 츄부(中部)지역의 수치가 낮고, 대규모 현이나 산요(山陽), 시코쿠(四國), 큐슈, 오키나와지역이 전체적으로 높은 결과를 나타낸다.
9. 보육소 수용정원비율	2010년 '보육소 수용정원비율'의 전국평균은 28.4%이다. 높은 곳은 후쿠이현, 시마네현, 돗토리현 등, 인구규모가 100만 이하의 작은 현 전체이다. 대규모 현은 전체적으로 낮은 결과를 보여준다.

(1) 합계특수출생률

순위	도도부현	출생률(명)	평점
1	沖縄県	1.79	10
2	宮崎県	1.61	10
3	熊本県	1.58	10
4	鹿児島県	1.56	10
5	福井県	1.55	10
5	島根県	1.55	10
7	長崎県	1.50	9
7	大分県	1.50	9
9	福島県	1.49	9
9	佐賀県	1.49	9
11	香川県	1.48	8
12	広島県	1.47	8
13	鳥取県	1.46	8
14	滋賀県	1.44	8
15	栃木県	1.43	8
15	長野県	1.43	8
15	静岡県	1.43	8
15	愛知県	1.43	8
15	山口県	1.43	8
20	愛媛県	1.41	7
21	石川県	1.40	6
21	三重県	1.40	6
23	山形県	1.39	6
23	岡山県	1.39	6
25	群馬県	1.38	6
26	岩手県	1.37	5
26	茨城県	1.37	5
26	新潟県	1.37	5
26	富山県	1.37	5
26	岐阜県	1.37	5
26	福岡県	1.37	5
32	和歌山県	1.36	4
33	徳島県	1.35	4
34	兵庫県	1.33	4
35	千葉県	1.31	4
35	山梨県	1.31	4
37	秋田県	1.29	3
37	高知県	1.29	3
39	埼玉県	1.28	3
39	神奈川県	1.28	3
39	大阪府	1.28	3
42	青森県	1.26	2
43	宮城県	1.25	2
44	奈良県	1.23	2
45	京都府	1.20	2
46	北海道	1.19	1
47	東京都	1.12	1
	전국	1.37	

(2) 미혼율

순위	도도부현	실수(천명)	미혼율(%)	평점
1	宮城県	638	27.3	10
2	秋田県	343	30.6	10
3	山形県	373	31.3	10
3	宮崎県	357	31.3	10
5	島根県	228	31.4	10
6	山口県	461	31.5	9
7	大分県	378	31.6	9
8	富山県	347	31.7	9
9	徳島県	258	32.4	9
9	愛媛県	468	32.4	9
11	岩手県	442	32.5	8
11	和歌山県	331	32.5	8
13	北海道	1.815	32.6	8
14	青森県	460	32.7	8
15	福井県	264	32.8	8
15	高知県	256	32.8	8
15	長崎県	475	32.8	8
18	福島県	680	33.0	7
19	長野県	710	33.1	7
20	岐阜県	686	33.3	7
20	鳥取県	199	33.3	7
20	香川県	333	33.3	7
23	新潟県	803	33.5	6
24	三重県	615	33.6	6
25	熊本県	616	33.8	6
26	石川県	394	33.9	5
26	奈良県	475	33.9	5
28	広島県	969	34.1	5
29	静岡県	1,271	34.2	5
30	岡山県	667	34.5	5
30	鹿児島県	597	34.5	5
32	群馬県	688	34.7	4
33	兵庫県	1,927	35.0	4
34	佐賀県	302	35.3	4
35	栃木県	702	35.4	4
35	山梨県	306	35.4	4
37	千葉県	2,151	35.8	3
38	滋賀県	497	36.4	3
38	京都府	945	36.4	3
40	大阪府	3,156	36.5	3
41	埼玉県	2,585	36.9	2
42	神奈川県	3,275	37.4	2
43	愛知県	2,699	37.7	2
44	福岡県	1,893	37.8	2
45	東京都	4,899	39.2	2
46	茨城県	1,012	41.4	1
47	沖縄県	582	42.7	1
	전국	947	35.5	

(3) 전입률

순위	도도부현	전입률(%)	평점
1	東京都	3.39	10
2	千葉県	2.76	10
3	神奈川県	2.66	10
4	埼玉県	2.39	10
5	京都府	2.19	10
6	滋賀県	2.14	9
7	宮城県	2.12	9
8	福岡県	2.07	9
9	佐賀県	2.04	9
10	香川県	1.97	9
11	宮崎県	1.91	8
12	大分県	1.89	8
13	奈良県	1.88	8
14	大阪府	1.87	8
15	沖縄県	1.82	8
16	愛知県	1.81	7
17	広島県	1.80	7
18	栃木県	1.79	7
19	茨城県	1.78	7
19	三重県	1.78	7
19	兵庫県	1.78	7
22	山口県	1.77	6
23	長崎県	1.76	6
24	鹿児島県	1.74	6
25	熊本県	1.73	6
26	静岡県	1.61	5
27	岡山県	1.59	5
28	鳥取県	1.58	5
29	石川県	1.53	5
29	山梨県	1.53	5
29	島根県	1.53	5
32	青森県	1.46	4
32	群馬県	1.46	4
34	岐阜県	1.42	4
34	愛媛県	1.42	4
36	岩手県	1.34	3
36	長野県	1.34	3
38	徳島県	1.31	3
39	福島県	1.30	3
40	高知県	1.27	3
41	和歌山県	1.23	2
42	富山県	1.21	2
43	秋田県	1.20	2
44	山形県	1.19	2
45	福井県	1.14	2
46	新潟県	1.02	1
47	北海道	0.90	1
	전국	1.99	

(4) 교제비비율

순위	도도부현	교제비비율(%)	평점
1	長野県	8.8	10
1	島根県	8.8	10
3	栃木県	8.5	10
4	長崎県	8.4	10
5	大分県	8.3	10
6	神奈川県	8.2	9
7	兵庫県	8.1	9
8	三重県	8.0	9
8	広島県	8.0	9
10	岩手県	7.9	9
10	京都府	7.9	9
12	鹿児島県	7.8	9
13	山梨県	7.7	8
14	愛媛県	7.5	8
15	群馬県	7.4	8
16	熊本県	7.2	7
17	福島県	7.1	7
18	千葉県	7.0	7
18	石川県	7.0	7
18	岐阜県	7.0	7
18	大阪府	7.0	7
18	岡山県	7.0	7
18	佐賀県	7.0	7
24	新潟県	6.9	6
24	和歌山県	6.9	6
24	徳島県	6.9	6
27	沖縄県	6.8	5
28	愛知県	6.7	5
29	奈良県	6.5	5
29	鳥取県	6.5	5
29	福岡県	6.5	5
32	山口県	6.4	4
32	香川県	6.4	4
34	北海道	6.3	4
34	東京都	6.3	4
36	滋賀県	6.2	3
36	宮崎県	6.2	3
38	山形県	6.1	3
39	茨城県	6.0	3
40	富山県	5.8	3
40	静岡県	5.8	3
42	福井県	5.7	2
43	秋田県	5.3	2
43	埼玉県	5.3	2
43	高知県	5.3	2
46	青森県	4.2	1
47	宮城県	4.1	1
	전국	6.9	

(5) 주택보유율

순위	도도부현	주택보유율()%	평점
1	秋田県	78.4	10
2	富山県	77.5	10
3	福井県	77.4	10
4	山形県	75.5	10
5	新潟県	73.9	10
5	岐阜県	73.9	10
7	三重県	73.0	9
7	島根県	73.0	9
9	和歌山県	72.8	9
10	奈良県	72.6	9
11	長野県	72.4	8
12	岩手県	71.9	8
13	青森県	71.7	8
14	香川県	70.9	8
15	茨城県	70.7	8
15	群馬県	70.7	8
17	滋賀県	70.4	7
18	鳥取県	70.0	7
19	山梨県	69.4	7
20	佐賀県	69.3	7
21	石川県	69.1	6
22	徳島県	69.0	6
23	福島県	68.8	6
24	栃木県	68.6	6
25	高知県	66.8	6
26	岡山県	66.5	5
27	山口県	66.4	5
28	宮崎県	66.0	5
29	鹿児島県	65.8	5
30	長崎県	65.7	5
31	愛媛県	65.6	4
32	埼玉県	65.3	4
33	静岡県	64.8	4
34	千葉県	64.4	4
35	熊本県	64.3	4
36	兵庫県	63.6	3
37	大分県	62.6	3
38	広島県	61.2	3
39	宮城県	60.8	3
39	京都府	60.8	3
41	愛知県	57.8	2
42	北海道	57.2	2
42	神奈川県	57.2	2
44	福岡県	53.6	2
45	大阪府	53.1	2
46	沖縄県	50.2	1
47	東京都	44.6	1
	전국	61.1	

(6) 1인당 평수(다다미수)

순위	도도부현	다다미수(장)	평점
1	富山県	17.62	10
2	秋田県	17.15	10
3	石川県	17.07	10
4	青森県	16.52	10
5	長野県	16.41	10
6	北海道	16.34	9
7	岩手県	16.24	9
8	岐阜県	16.13	9
9	新潟県	16.06	9
10	香川県	15.93	9
11	三重県	15.55	8
12	山口県	15.48	8
13	徳島県	15.47	8
14	広島県	15.41	8
15	福井県	15.37	8
16	山形県	15.36	7
17	鳥取県	15.29	7
18	滋賀県	15.22	7
19	山梨県	15.21	7
20	大分県	15.17	7
21	愛媛県	15.13	6
22	岡山県	15.06	6
23	奈良県	14.88	6
24	島根県	14.80	6
25	福島県	14.66	6
26	宮城県	14.57	5
27	高知県	14.56	5
28	群馬県	14.51	5
28	愛知県	14.51	5
30	静岡県	14.34	5
31	兵庫県	14.17	4
31	和歌山県	14.17	4
33	栃木県	14.09	4
34	佐賀県	14.04	4
35	茨城県	13.93	4
36	福岡県	13.91	3
37	京都府	13.82	3
37	鹿児島県	13.82	3
39	長崎県	13.76	3
40	熊本県	13.62	3
41	宮崎県	13.59	2
42	千葉県	13.31	2
43	大阪府	12.85	2
44	埼玉県	12.73	2
45	神奈川県	12.56	2
46	東京都	12.51	1
47	沖縄県	11.94	1
	전국	14.25	－

(7) 하수도보급률

순위	도도부현	하수도보급률(%)	평점
1	東京都	99.2	10
2	神奈川県	95.6	10
3	大阪府	92.5	10
4	兵庫県	91.1	10
5	京都府	90.6	10
6	北海道	89.1	9
7	滋賀県	85.4	9
8	富山県	78.6	9
9	長野県	78.5	9
10	石川県	77.6	9
11	宮城県	76.7	8
12	埼玉県	76.1	8
13	福岡県	75.7	8
14	奈良県	73.4	8
15	山形県	71.4	8
16	愛知県	70.8	7
17	福井県	70.5	7
18	岐阜県	68.8	7
19	千葉県	68.2	7
20	広島県	67.9	7
21	新潟県	66.0	6
21	沖縄県	66.0	6
23	鳥取県	63.1	6
24	熊本県	60.8	6
25	山梨県	60.1	6
26	栃木県	60.0	5
27	岡山県	58.8	5
27	山口県	58.8	5
29	静岡県	57.6	5
30	秋田県	57.1	5
31	長崎県	56.7	4
32	茨城県	56.1	4
33	青森県	53.6	4
34	宮崎県	52.4	4
35	岩手県	52.0	4
36	佐賀県	48.8	3
37	群馬県	48.3	3
38	福島県	48.1	3
39	愛媛県	47.1	3
40	三重県	45.1	3
41	大分県	44.9	2
42	島根県	40.9	2
43	香川県	40.5	2
44	鹿児島県	38.9	2
45	高知県	31.7	2
46	和歌山県	19.5	1
47	徳島県	13.9	1
	전국	73.7	

(8) 생활보호 피보호 실재 인원비율

순위	도도부현	보호율(%)	평점
1	富山県	2.4	10
2	福井県	3.0	10
3	岐阜県	3.4	10
4	長野県	3.5	10
5	山梨県	4.3	10
6	山形県	4.5	9
6	群馬県	4.5	9
8	石川県	4.7	9
8	静岡県	4.7	9
10	茨城県	5.9	9
10	滋賀県	5.9	9
12	新潟県	6.0	8
13	愛知県	6.2	8
14	島根県	6.4	8
15	栃木県	7.1	8
16	三重県	7.2	7
17	佐賀県	7.4	7
18	福島県	7.5	7
19	埼玉県	8.0	7
20	岩手県	8.7	7
20	千葉県	8.7	7
22	鳥取県	9.0	6
23	宮城県	9.1	6
24	香川県	9.6	6
24	熊本県	9.6	6
26	岡山県	10.0	5
27	山口県	10.2	5
28	愛媛県	11.5	5
29	秋田県	11.6	5
30	奈良県	11.7	5
30	宮崎県	11.7	5
32	和歌山県	12.2	4
33	神奈川県	12.4	4
34	広島県	12.5	4
35	大分県	13.7	4
36	兵庫県	14.7	3
37	鹿児島県	15.6	3
38	徳島県	15.7	3
39	東京都	16.2	3
40	長崎県	17.0	3
41	沖縄県	17.7	2
42	青森県	18.0	2
43	福岡県	19.6	2
44	京都府	19.7	2
45	高知県	22.7	2
46	北海道	25.5	1
47	大阪府	26.5	1
	전국	12.5	

(9) 보육소 수용정원 비율

순위	도도부현	0~4세인구(명)	보육소정원(명)	비율(%)	평점
1	福井県	36,113	25,165	69.7	10
1	島根県	28,890	20,140	69.7	10
3	鳥取県	24,720	16,905	68.4	10
4	山梨県	34,747	21,103	60.7	10
5	長野県	90,817	51,308	56.5	10
6	石川県	50,164	27,079	54.0	9
7	徳島県	29,850	15,755	52.8	9
8	佐賀県	38,442	19,970	51.9	9
9	青森県	50,307	25,991	51.7	9
10	三重県	78,542	39,996	50.9	9
11	秋田県	36,878	17,601	47.7	8
12	富山県	43,530	20,490	47.1	8
13	新潟県	92,135	42,634	46.3	8
14	岐阜県	88,681	40,462	45.6	8
15	山形県	45,256	20,386	45.0	8
16	高知県	28,765	12,765	44.4	7
17	和歌山県	38,967	16,179	41.5	7
18	群馬県	84,544	34,920	41.3	7
19	岩手県	50,751	20,834	41.1	7
20	長崎県	60,183	23,161	38.5	7
21	熊本県	80,295	30,665	38.2	6
22	沖縄県	82,353	30,748	37.3	6
23	宮崎県	50,560	18,621	36.8	6
24	山口県	57,572	20,550	35.7	6
25	愛媛県	57,798	20,177	34.9	6
26	茨城県	124,479	42,911	34.5	5
27	東京都	505,603	173,532	34.3	5
28	滋賀県	67,410	21,034	31.2	5
29	奈良県	56,432	17,536	31.1	5
29	鹿児島県	74,903	23,284	31.1	5
31	香川県	42,660	12,330	28.9	4
32	大分県	50,161	14,445	28.8	4
33	栃木県	86,013	23,535	27.4	4
34	愛知県	344,806	91,925	26.7	4
35	京都府	107,155	25,586	23.9	4
36	埼玉県	306,170	65,537	21.4	3
37	福島県	84,185	17,841	21.2	3
38	福岡県	227,556	46,552	20.5	3
39	広島県	126,957	25,947	20.4	3
40	千葉県	263,945	52,671	20.0	3
41	北海道	204,247	40,121	19.6	2
42	岡山県	84,223	16,440	19.5	2
43	静岡県	162,420	31,488	19.4	2
44	大阪府	374,156	66,596	17.8	2
45	宮城県	96,833	16,435	17.0	2
46	兵庫県	242,317	39,269	16.2	1
47	神奈川県	389,658	29,118	7.5	1
	전국	114,535	32,505	28.4	

·> 일에서 보람을 느끼는 현은 어디인가? [노동·기업부문]

[사용지표]

10. 이직률	2007년 전국평균 '이직률'은 31.1%이다. 낮은 수치가 랭킹 상위이다. 홋카이도와 아키타현, 시가현을 제외하면 서고동저(西高東低)의 경향이 보여진다.
11. 총 실재노동시간	2009년 전국평균 월간 '총 실재노동시간'은 144.4시간이다. 낮은 수치가 랭킹 상위이다. 토호쿠(東北), 시코쿠, 큐슈, 오키나와지역에서 노동시간이 긴 경향이 보여진다.
12. 직업보유율	2007년 전국평균 '직업보유율'은 59.8%이다. 아이치현, 시즈오카현, 도쿄도와 그 주변 현이 높은 수치이다.
13. 정사원비율	2007년 전국평균 '정사원비율'은 59.9%이다. 전체적으로 인구규모가 작은 현이 높고, 도쿄도, 오사카부와 같은 대도시권이 낮은 경향을 보인다.
14. 계속취업희망자비율	2007년 전국평균 '계속취업희망자비율'은 78.58%이다. 후쿠오카현을 제외한 큐슈지역이 높은 수치이고, 역으로 낮은 곳은 대도시권, 야마가타현을 제외한 토호쿠, 홋카이도, 오키나와지역이다.
15. 직업보유자의 평균 계속취업기간	2007년 전국평균 '직업보유자의 평균계속취업기간'은 13.4년이다. 전체적으로 인구규모가 작은 현의 기간이 길고, 오키나와와 대도시권에서 짧은 경향이 보여진다.
16. 완전실업률	2010년 전국평균 '완전실업률'은 5.1%이다. 낮은 수치가 랭킹 상위이다. 제조업이 집적되어 있는 츄부지방의 각 현이 낮고, 실업률이 높은 경향을 보이는 곳은 토호쿠지역과 오사카권이다.
17. 장애인고용률	2010년 전국평균 '장애인고용비율'은 1.68%이다. 후쿠이현, 이와테현, 홋카이도 등을 제외하고, 서고동저의 경향이 보여진다. 덧붙여 법정고용률은 1.8%이다.
18. 결손법인비율	2008년 전국평균 '결손법인비율'은 71.5%이다. 낮은 수치가 랭킹 상위이다. 오이타현을 제외한 큐슈지역와 오키나와지역의 비율이 낮은 경향을 보여준다.
19. 작업소 평균공임월 지급액의 실적	2009년 전국평균 '작업소(장애인작업지원시설) 평균공임월지급액의 실적'은 12,695엔이다. 전국적으로 불균형이 크며, 경제권이 일체화되어 있는 호쿠리쿠지역의 3현에서도 큰 차이가 나타난다.

(10) 이직률

순위	도도부현	이직자수(천명)	이직률(%)	평점
1	東京都	2691	27.8	10
2	愛知県	1532	27.9	10
3	福井県	171	28.1	10
4	静岡県	813	28.2	10
5	山梨県	183	28.4	10
6	富山県	238	28.5	9
7	栃木県	426	28.7	9
8	長野県	476	28.9	9
9	茨城県	634	29.2	9
9	滋賀県	298	29.2	9
11	岐阜県	461	29.6	8
12	石川県	263	29.8	8
13	福島県	448	30.0	8
14	神奈川県	2011	30.2	8
14	三重県	419	30.2	8
16	宮城県	514	30.4	7
16	群馬県	453	30.4	7
16	埼玉県	1590	30.4	7
19	新潟県	548	30.6	7
20	岩手県	310	30.8	7
20	佐賀県	192	30.8	7
22	山形県	274	30.9	6
23	千葉県	1424	31.2	6
24	鳥取県	140	31.3	6
25	青森県	323	31.9	6
26	広島県	670	32.0	6
27	香川県	237	32.1	5
27	沖縄県	297	32.1	5
29	岡山県	459	32.4	5
30	島根県	178	32.5	5
31	秋田県	270	32.6	4
31	京都府	618	32.6	4
33	大分県	288	32.7	4
34	福岡県	1220	33.2	4
35	熊本県	444	33.3	4
36	和歌山県	247	33.7	3
37	大阪府	2175	33.8	3
38	宮崎県	289	34.0	3
39	兵庫県	1390	34.1	3
40	徳島県	198	34.2	3
40	鹿児島県	434	34.2	3
42	高知県	200	34.5	2
43	山口県	381	34.7	2
43	愛媛県	376	34.7	2
43	長崎県	361	34.7	2
46	奈良県	351	34.8	1
47	北海道	1471	35.6	1
	전국	625	31.1	

(11) 총 실재노동시간

순위	도도부현	총 실재노동시간(H)	평점
1	兵庫県	138.5	10
2	奈良県	138.8	10
3	神奈川県	138.9	10
4	埼玉県	139.5	10
5	京都府	139.8	10
6	千葉県	140.3	9
7	三重県	141.5	9
8	愛知県	141.9	9
9	滋賀県	142.6	9
10	茨城県	143.5	9
11	大阪府	144.1	8
12	和歌山県	144.3	8
13	静岡県	144.5	8
14	岐阜県	144.6	8
14	山口県	144.6	8
16	東京都	145.2	7
17	宮城県	146.2	7
18	高知県	146.4	7
19	群馬県	147.0	7
20	石川県	147.1	7
21	福岡県	148.0	6
22	広島県	148.2	6
23	北海道	148.3	6
23	山形県	148.3	6
25	栃木県	148.6	6
26	徳島県	148.7	5
27	鹿児島県	148.8	5
28	富山県	148.9	5
29	山梨県	149.3	5
30	鳥取県	149.4	5
31	新潟県	149.6	4
31	長野県	149.6	4
31	熊本県	149.6	4
34	香川県	149.9	4
34	大分県	149.9	4
36	福島県	150.1	3
37	岩手県	150.2	3
37	岡山県	150.2	3
39	秋田県	151.1	3
39	島根県	151.1	3
41	愛媛県	151.7	2
42	福井県	152.5	2
43	沖縄県	153.0	2
44	宮崎県	153.4	2
45	佐賀県	153.5	2
46	青森県	154.2	1
47	長崎県	160.6	1
	전국	144.4	

(12) 직업보유율

순위	도도부현	직업보유율(%)	평점
1	愛知県	64.2	10
2	静岡県	63.6	10
3	東京都	63.5	10
4	長野県	63.2	10
5	福井県	62.6	10
6	富山県	62.4	9
7	石川県	62.2	9
8	栃木県	62.0	9
9	滋賀県	61.8	9
10	神奈川県	61.6	9
11	山梨県	61.5	8
12	岐阜県	61.4	8
13	埼玉県	61.0	8
14	茨城県	60.8	8
15	三重県	60.7	8
16	群馬県	60.4	7
17	千葉県	60.3	7
18	鳥取県	60.2	7
19	新潟県	60.0	7
20	岩手県	59.4	7
20	福島県	59.4	7
22	山形県	59.3	6
22	佐賀県	59.3	6
24	広島県	58.8	6
25	島根県	58.5	6
25	岡山県	58.5	6
27	宮城県	58.4	5
27	京都府	58.4	5
27	香川県	58.4	5
30	宮崎県	57.8	5
31	熊本県	57.6	4
32	福岡県	57.5	4
33	大分県	57.4	4
34	青森県	57.2	4
35	大阪府	57.0	4
36	秋田県	56.7	3
36	兵庫県	56.7	3
36	山口県	56.7	3
39	愛媛県	56.6	3
39	沖縄県	56.6	3
41	鹿児島県	56.5	2
42	高知県	56.4	2
43	和歌山県	55.7	2
44	徳島県	55.6	2
45	北海道	55.5	2
46	長崎県	55.3	1
47	奈良県	55.0	1
	전국	59.8	

(13) 정사원비율

순위	도도부현	정사원비율(%)	평점
1	富山県	66.4	10
2	新潟県	64.7	10
3	福井県	64.5	10
3	徳島県	64.5	10
5	佐賀県	64.3	10
6	香川県	64.2	9
7	岡山県	63.9	9
8	石川県	63.7	9
8	鳥取県	63.7	9
10	山形県	63.5	9
11	岩手県	63.0	8
11	長崎県	63.0	8
13	山口県	62.8	8
14	島根県	62.7	8
14	宮崎県	62.7	8
16	秋田県	62.6	7
17	愛媛県	62.3	7
17	大分県	62.3	7
19	青森県	62.2	7
20	高知県	62.1	7
21	福島県	61.4	6
22	熊本県	61.3	6
23	鹿児島県	61.2	6
24	茨城県	61.1	6
25	和歌山県	60.9	6
26	栃木県	60.5	5
27	静岡県	60.3	5
27	愛知県	60.3	5
29	神奈川県	60.2	5
30	広島県	60.1	5
31	群馬県	60.0	4
32	宮城県	59.9	4
32	三重県	59.9	4
34	長野県	59.8	4
35	福岡県	59.7	4
36	埼玉県	59.3	3
37	兵庫県	59.1	3
38	岐阜県	59.0	3
39	滋賀県	58.9	3
40	奈良県	58.7	3
41	東京都	58.6	2
41	山梨県	58.6	2
43	千葉県	57.9	2
44	北海道	57.4	2
45	大阪府	56.9	2
46	沖縄県	56.6	1
47	京都府	55.9	1
	전국	59.9	

(14) 계속취업희망자비율

순위	도도부현	계속희망자(천명)	비율(%)	평점
1	長崎県	558	80.99	10
2	鹿児島県	679	80.93	10
3	栃木県	867	80.80	10
4	愛媛県	576	80.79	10
5	山梨県	374	80.78	10
6	山形県	498	80.71	9
7	佐賀県	350	80.65	9
8	香川県	408	80.63	9
9	富山県	483	80.50	9
10	新潟県	1,008	80.45	9
11	宮崎県	455	80.39	8
12	茨城県	1,248	80.36	8
12	徳島県	311	80.36	8
14	福島県	844	80.30	8
15	静岡県	1,670	80.25	8
16	大分県	479	80.23	7
17	群馬県	839	80.21	7
18	愛知県	3,225	80.16	7
19	和歌山県	395	80.12	7
20	島根県	298	80.11	7
21	山口県	581	80.03	6
22	福井県	349	79.86	6
23	熊本県	720	79.73	6
24	石川県	498	79.68	6
25	岡山県	782	79.63	6
26	長野県	944	79.60	5
27	三重県	779	79.57	5
28	岐阜県	881	79.51	5
29	青森県	551	79.28	5
30	秋田県	443	79.11	5
31	岩手県	555	78.95	4
32	千葉県	2,506	78.81	4
33	滋賀県	576	78.80	4
34	広島県	1,143	78.72	4
35	鳥取県	245	78.53	4
36	奈良県	526	78.51	3
37	高知県	302	78.44	3
38	埼玉県	2,912	78.11	3
39	北海道	2,105	78.08	3
40	兵庫県	2,121	77.98	3
41	宮城県	922	77.94	2
42	神奈川県	3,663	77.56	2
43	福岡県	1,932	77.31	2
44	大阪府	3,340	77.19	2
45	京都府	1,014	76.13	2
46	東京都	5,418	75.79	1
47	沖縄県	477	75.24	1
	전국	1,103	78.58	

(15) 직업보유자 평균계속취업기간

순위	도도부현	취업기간(년)	평점
1	山形県	15.9	10
2	徳島県	15.8	10
3	青森県	15.7	10
4	秋田県	15.5	10
4	和歌山県	15.5	10
6	高知県	15.4	9
7	岩手県	15.2	9
7	福島県	15.2	9
7	佐賀県	15.2	9
10	山梨県	15.1	9
11	新潟県	15.0	8
12	愛媛県	14.9	8
13	島根県	14.8	8
13	香川県	14.8	8
15	熊本県	14.7	8
15	宮崎県	14.7	8
17	富山県	14.6	7
17	福井県	14.6	7
17	長野県	14.6	7
20	長崎県	14.5	7
21	栃木県	14.4	6
21	山口県	14.4	6
21	大分県	14.4	6
24	茨城県	14.3	6
25	群馬県	14.2	6
25	鳥取県	14.2	6
27	石川県	14.1	5
27	鹿児島県	14.1	5
29	静岡県	13.9	5
29	三重県	13.9	5
29	岡山県	13.9	5
32	岐阜県	13.8	4
33	奈良県	13.7	4
34	京都府	13.5	4
34	広島県	13.5	4
36	宮城県	13.3	3
37	千葉県	13.1	3
38	北海道	13.0	3
39	愛知県	12.9	3
39	兵庫県	12.9	3
41	滋賀県	12.8	2
42	埼玉県	12.7	2
43	大阪府	12.5	2
43	福岡県	12.5	2
45	東京都	12.2	2
45	神奈川県	12.2	2
47	沖縄県	11.1	1
	전국	13.4	

(16) 완전실업률

순위	도도부현	완전실업률(%)	평점
1	島根県	3.2	10
2	福井県	3.3	10
3	岐阜県	3.4	10
4	富山県	3.9	10
5	長野県	4.0	10
5	静岡県	4.0	10
5	山口県	4.0	10
8	三重県	4.1	9
8	鳥取県	4.1	9
8	香川県	4.1	9
11	広島県	4.2	8
12	石川県	4.3	8
12	山梨県	4.3	8
12	愛知県	4.3	8
12	和歌山県	4.3	8
12	佐賀県	4.3	8
17	滋賀県	4.4	7
18	新潟県	4.5	7
18	岡山県	4.5	7
20	山形県	4.6	7
20	大分県	4.6	7
22	栃木県	4.7	6
22	徳島県	4.7	6
22	愛媛県	4.7	6
25	群馬県	4.8	6
25	千葉県	4.8	6
25	奈良県	4.8	6
25	宮崎県	4.8	6
29	神奈川県	4.9	5
29	熊本県	4.9	5
31	茨城県	5.0	4
32	北海道	5.1	4
32	岩手県	5.1	4
32	福島県	5.1	4
32	長崎県	5.1	4
36	高知県	5.2	3
36	鹿児島県	5.2	3
38	秋田県	5.3	3
39	埼玉県	5.4	3
39	兵庫県	5.4	3
41	東京都	5.5	2
42	京都府	5.6	2
43	宮城県	5.8	2
44	福岡県	6.0	2
45	青森県	6.5	2
46	大阪府	6.9	1
47	沖縄県	7.6	1
	전국	5.1	

(17) 장애인 고용비율

순위	도도부현	고용비율(%)	평점
1	山口県	2.28	10
2	福井県	2.25	10
3	佐賀県	2.18	10
4	大分県	2.16	10
5	奈良県	2.08	10
5	長崎県	2.08	10
7	鹿児島県	2.05	9
8	宮崎県	2.03	9
9	熊本県	1.98	9
10	和歌山県	1.92	9
11	高知県	1.90	8
12	岩手県	1.86	8
12	岡山県	1.86	8
12	沖縄県	1.86	8
15	北海道	1.85	8
16	鳥取県	1.83	7
16	島根県	1.83	7
16	広島県	1.83	7
19	京都府	1.82	7
20	兵庫県	1.81	7
21	長野県	1.78	6
22	香川県	1.74	6
23	岐阜県	1.73	6
24	青森県	1.71	6
24	福岡県	1.71	6
26	滋賀県	1.69	5
26	愛媛県	1.69	5
28	富山県	1.68	5
28	静岡県	1.68	5
30	山梨県	1.67	5
30	大阪府	1.67	5
30	徳島県	1.67	5
33	東京都	1.63	4
33	愛知県	1.63	4
35	宮城県	1.62	4
35	群馬県	1.62	4
35	神奈川県	1.62	4
35	石川県	1.62	4
39	福島県	1.61	3
40	茨城県	1.60	3
40	千葉県	1.60	3
42	埼玉県	1.59	2
43	秋田県	1.58	2
43	山形県	1.58	2
43	栃木県	1.58	2
46	新潟県	1.57	1
47	三重県	1.50	1
	전국	1.68	-

(18) 결손법인비율

순위	도도부현	법인수(사)	결손법인수(사)	비율	평점
1	沖縄県	18,055	11,697	64.8	10
2	福岡県	86,543	57,855	66.9	10
3	大阪府	217,266	147.130	67.7	10
4	青森県	19,373	13,166	68.0	10
5	宮崎県	18,280	12,557	68.7	10
6	富山県	19,547	13,495	69.0	9
6	佐賀県	10,916	7,527	69.0	9
8	三重県	28,552	19,774	69.3	9
9	新潟県	41,543	28,864	69.5	9
10	鹿児島県	27,933	19,454	69.6	9
11	長崎県	20,219	14,095	69.7	8
12	奈良県	91,829	64,283	70.0	8
13	兵庫県	17,402	12,192	70.1	8
14	山口県	22,262	15,697	70.5	8
15	秋田県	15,626	11,027	70.6	8
15	和歌山県	14,933	10,542	70.6	8
17	滋賀県	18,699	13,235	70.8	7
18	茨城県	45,623	32,340	70.9	7
19	埼玉県	125,226	88,878	71.0	7
19	愛知県	151,410	107,474	71.0	7
21	千葉県	98,678	70,134	71.1	6
21	熊本県	31,522	22,412	71.1	6
23	東京都	532,573	381,881	71.7	6
23	福井県	16,996	12,181	71.7	6
25	静岡県	72,455	52,060	71.9	6
26	山形県	18,316	13,193	72.0	5
27	岩手県	17,446	12,592	72.2	5
28	京都府	52,190	37,708	72.3	5
29	宮城県	38,498	27,876	72.4	5
30	岐阜県	39,593	28,707	72.5	5
31	山梨県	15,929	11,580	72.7	4
32	島根県	11,353	8,300	73.1	4
32	広島県	58,771	42,943	73.1	4
34	大分県	21,612	15,816	73.2	4
35	北海道	109,855	80,503	73.3	4
35	岡山県	37,182	27,263	73.3	4
37	鳥取県	9,416	6,915	73.4	3
38	福島県	36,655	26,977	73.6	3
38	高知県	11,821	8,704	73.6	3
40	石川県	23,403	17,274	73.8	3
41	神奈川県	170,906	126,647	74.1	2
42	栃木県	39,224	29,164	74.4	2
43	愛媛県	27,066	20,242	74.8	2
44	香川県	21,665	16,312	75.3	2
45	群馬県	40,115	30,300	75.5	2
46	長野県	42,981	33,610	78.2	1
47	徳島県	15,781	12,602	79.8	1
	전국	55,814	39,897	71.5	

(19) 작업소 평균공임 월지급액

순위	도도부현	임금월액(엔)	평점
1	福井県	16,621	10
2	佐賀県	16,358	10
3	徳島県	15,906	10
4	北海道	15,760	10
5	岩手県	15,579	10
6	高知県	15,133	9
7	宮城県	14,464	9
8	和歌山県	14,323	9
9	東京都	13,950	9
10	山梨県	13,938	9
11	石川県	13,873	8
12	愛知県	13,835	8
13	京都府	13,823	8
14	山口県	13,704	8
15	鳥取県	13,681	8
16	島根県	13,529	7
17	大分県	13,476	7
18	熊本県	13,451	7
19	広島県	13,292	7
20	栃木県	13,280	7
21	鹿児島県	13,229	6
22	沖縄県	13,058	6
23	滋賀県	13,049	6
24	千葉県	12,673	6
25	静岡県	12,562	6
26	神奈川県	12,551	5
27	長崎県	12,508	5
28	長野県	12,279	5
29	群馬県	12,219	5
30	埼玉県	12,001	5
31	新潟県	11,852	4
32	富山県	11,577	4
33	福岡県	11,571	4
34	愛媛県	11,562	4
35	宮崎県	11,487	4
36	三重県	11,342	3
37	秋田県	11,331	3
38	兵庫県	11,077	3
39	福島県	10,977	3
40	香川県	10,772	3
41	岡山県	10,729	2
42	青森県	10,361	2
43	奈良県	10,292	2
44	岐阜県	10,222	2
45	茨城県	10,066	2
46	山形県	9,864	1
47	大阪府	8,931	1
	전국	12,695	

걱정없이 지낼 수 있는 현은 어디인가? [안전·안심부문]

[사용지표]

20. 10만 명당 형법범죄 인지건수	2010년 전국평균 '10만 명당 형법범죄 인지건수'는 1241.7건이다. 낮은 수치가 랭킹 상위이다. 인구규모가 작은 현이 낮은 경향이 있고, 대도시권은 건수가 많은 편이다.
21. 10만 명당 공해고충건수	2009년 전국평균 '10만 명당 공해고충건수'는 64.2건이다. 낮은 수치가 랭킹 상위이다. 미야기현, 야마가타현, 이바라키현, 나가노현 등의 건수가 높은 것은 의외의 결과이다.
22. 10만 명당 교통사고 발생건수	2009년 전국평균 '10만 명당 교통사고발생건수'는 577.8건이다. 낮은 수치가 랭킹 상위이다. 불균형이 크고, 현의 면적이나 자동차보유대수와도 상관관계는 없는 듯하다.
23. 10만 명당 화재건수	2009년 전국평균 '10만 명당 화재건수'는 40.2건이다. 낮은 수치가 랭킹 상위이다. 화재건수는 호쿠리쿠지역이 적은 경향이 보여진다.
24. 100만 연 실질노동 시간당 노동재해율	2008년 전국평균 '100만 연 실질노동시간당 노동재해율'은 1.75%이다. 낮은 수치가 랭킹 상위이다. 오이타현, 후쿠오카현을 제외한 큐슈지역, 오키나와지역이 높은 경향을 보인다.
25. 1인당 지방채현재액	2008년 전국평균 '1인당 지방채현재액'은 757,204엔이다. 낮은 수치가 랭킹 상위이다. 대도시권이 낮고, 인구규모가 적은 현이 높은 경향이 있다.
26. 1세대당 부채현재액	2009년 전국평균 '1세대당 부채현재액'은 489만 엔이다. 낮은 수치가 랭킹 상위이다. 지역에 다른 특징은 별로 없고, 차이는 주민성이라고 생각된다.
27. 1세대당 저축현재액	2009년 전국평균 '1세대당 저축현재액'은 1,657만 엔이다. 지역에 따라 금액의 차이가 크다.
28. 65세이상 1인당 노인복지비	2008년 전국평균 '65세이상 1인당 노인복지비'은 80.6천 엔이다. 서고동저의 경향을 보인다.
29. 도움 및 돌봄 요구자 비율	2007년 전국평균 '도움 및 돌봄 요구자비율'은 4.1%이다. 낮은 수치가 랭킹 상위이다. 대도시권이 적고, 오키나와현 등을 제외한 인구규모가 작은 현에서 많은 경향이 있다.
30. 고민 및 스트레스 보유자비율	2007년 전국평균 '고민 및 스트레스 보유자비율'은 41.4%이다. 낮은 수치가 랭킹 상위이다. 나가노현을 제외한 관동내륙지역, 후쿠오카현, 사가현을 제외한 큐슈지역, 오키나와지역에서 낮은 경향이 보인다.
31. 고민이나 스트레스로 상담을 원하지만 상담 받지 못하고 있는 자의 비율	2007년 전국평균 '고민이나 스트레스로 상담을 원하지만 상담 받지 못하고 있는 자의 비율'은 5.9%이다. 낮은 수치가 랭킹 상위이다. 큐슈지역이 낮고, 일부를 제외한 토호쿠지역과 츄부지역이 높은 경향을 보인다.

(20) 10만 명당 형법범죄 인지건수

순위	도도부현	형법범인지건수	10만명당건수	평점
1	秋田県	5,407	496.2	10
2	岩手県	7,400	555.1	10
3	山形県	7,179	611.5	10
4	長崎県	8,950	629.5	10
5	鹿児島県	11,392	668.3	10
6	富山県	7,679	703.6	9
7	石川県	8,293	712.5	9
8	島根県	5,116	714.4	9
9	青森県	9,943	723.7	9
10	大分県	8,691	728.9	9
11	福井県	6,058	751.8	8
12	宮崎県	8,750	775.4	8
13	熊本県	15,309	845.7	8
14	長野県	18,295	850.0	8
15	山口県	12,360	852.6	8
16	鳥取県	5,189	881.9	7
17	新潟県	21,227	894.7	7
18	徳島県	7,108	905.8	7
19	山梨県	7,919	915.8	7
20	北海道	51,226	927.9	7
21	沖縄県	12,887	930.3	6
22	福島県	19,427	955.9	6
23	佐賀県	8,138	957.6	6
24	広島県	28,335	991.4	6
25	奈良県	14,444	1033.2	6
26	神奈川県	93,369	1036.4	5
27	静岡県	39.451	1044.7	5
28	香川県	10,432	1047.8	5
29	宮城県	24,614	1054.5	5
30	滋賀県	15,501	1106.3	5
31	群馬県	22,211	1110.0	4
32	高知県	8,689	1124.9	4
33	愛媛県	16,672	1166.1	4
34	栃木県	23,500	1172.0	4
35	岐阜県	25,017	1203.0	4
36	和歌山県	12,125	1210.7	3
37	岡山県	24,097	1243.0	3
38	三重県	23,425	1262.7	3
39	茨城県	41,312	1394.6	3
40	兵庫県	80,860	1446.5	3
41	埼玉県	106,228	1479.7	2
42	千葉県	92,325	1491.5	2
43	東京都	195,970	1506.3	2
44	福岡県	78,809	1557.3	2
45	京都府	42,258	1609.8	2
46	愛知県	128,173	1730.6	1
47	大阪府	164,096	1857.8	1
	전국	33,742	1241.7	

(21) 10만 명당 공해고충건수

순위	도도부현	고충건수	10만명당건수	평점
1	福島県	582	28.2	10
2	神奈川県	2,954	33.4	10
3	熊本県	618	33.6	10
4	富山県	394	35.8	10
5	秋田県	450	40.2	10
6	北海道	2,283	41.2	9
7	岩手県	595	43.9	9
8	兵庫県	2,553	45.7	9
9	大阪府	4,173	48.1	9
10	佐賀県	432	50.1	9
11	広島県	1,439	50.3	8
12	宮城県	1,191	51.1	8
13	石川県	643	55.2	8
14	新潟県	1,334	55.5	8
15	岡山県	1,080	55.6	8
16	青森県	807	56.9	7
17	東京都	7,165	57.1	7
18	鳥取県	366	61.2	7
19	沖縄県	876	62.7	7
20	静岡県	2,370	62.8	7
21	香川県	655	64.4	6
22	大分県	790	65.2	6
23	福岡県	3,394	67.5	6
24	島根県	493	67.7	6
25	山口県	999	67.9	6
26	埼玉県	4,990	70.3	5
27	福井県	572	70.4	5
28	徳島県	567	70.8	5
29	滋賀県	982	71.0	5
30	群馬県	1,478	73.6	5
31	京都府	1,890	74.0	4
32	長崎県	1,083	74.3	4
33	愛媛県	1,100	75.1	4
34	千葉県	4,674	76.3	4
35	和歌山県	812	78.2	4
36	岐阜県	1,699	81.3	3
37	奈良県	1,160	82.0	3
38	愛知県	6,215	86.1	3
39	三重県	1,627	87.8	3
40	栃木県	1,763	88.0	3
41	高知県	753	96.9	2
42	山梨県	846	97.6	2
43	鹿児島県	1,704	98.6	2
44	長野県	2,175	100.3	2
45	茨城県	3,561	119.5	2
46	山形県	1,602	135.2	1
47	宮崎県	1,743	150.8	1
	전국	1,737	64.2	

(22) 10만 명당 교통사고 발생건수

순위	도도부현	10만명당건수	평점
1	島根県	307.6	10
2	岩手県	327.4	10
3	鳥取県	330.5	10
4	北海道	354.2	10
5	秋田県	388.6	10
6	千葉県	428.4	9
7	青森県	435.5	9
8	東京都	438.0	9
9	新潟県	445.3	9
10	宮城県	456.4	9
11	沖縄県	457.5	8
12	福井県	463.0	8
13	神奈川県	481.0	8
14	高知県	497.2	8
15	奈良県	508.3	8
16	長野県	517.4	7
17	山口県	532.8	7
18	富山県	534.2	7
19	長崎県	534.5	7
20	栃木県	535.0	7
21	石川県	542.5	6
22	埼玉県	542.6	6
23	福島県	553.4	6
24	大分県	554.6	6
25	茨城県	563.0	6
26	岐阜県	567.6	5
27	京都府	572.4	5
28	大阪府	587.4	5
29	広島県	604.4	5
30	三重県	608.2	5
31	熊本県	615.2	4
32	愛媛県	620.1	4
33	滋賀県	629.8	4
34	鹿児島県	643.3	4
35	山形県	644.2	4
36	兵庫県	651.3	3
37	愛知県	687.2	3
38	徳島県	697.9	3
39	和歌山県	717.2	3
40	山梨県	749.0	3
41	福岡県	877.5	2
42	岡山県	883.9	2
43	佐賀県	911.0	2
44	静岡県	946.2	2
45	群馬県	953.0	1
46	宮崎県	972.1	1
47	香川県	1173.2	1
	전국	577.8	

(23) 10만 명당 화재건수

순위	도도부현	화재건수	10만명당건수	평점
1	富山県	223	20.2	10
2	京都府	547	21.4	10
3	福井県	219	27.0	10
4	神奈川県	2,611	29.5	10
5	新潟県	745	31.0	10
6	石川県	364	31.2	9
7	奈良県	445	31.4	9
8	滋賀県	455	32.9	9
9	徳島県	268	33.5	9
10	千葉県	2,245	36.7	9
11	埼玉県	2,661	37.5	8
12	大阪府	3,266	37.6	8
13	秋田県	423	37.8	8
14	熊本県	699	38.0	8
15	鳥取県	229	38.3	8
16	福岡県	1,957	38.9	7
17	愛媛県	573	39.1	7
18	静岡県	1,481	39.2	7
19	沖縄県	551	39.4	7
20	山形県	470	39.7	7
21	大分県	486	40.1	6
22	岩手県	546	40.3	6
23	和歌山県	425	40.9	6
24	山口県	604	41.0	6
25	佐賀県	359	41.6	6
26	群馬県	841	41.9	5
27	北海道	2,345	42.3	5
28	香川県	432	42.5	5
29	福島県	882	42.7	5
30	宮城県	1,002	43.0	5
31	長野県	942	43.4	4
32	長崎県	640	43.9	4
33	愛知県	3,197	44.3	4
34	青森県	631	44.5	4
35	兵庫県	2,514	45.0	4
36	東京都	5,659	45.1	3
37	岐阜県	945	45.2	3
38	広島県	1,318	46.1	3
39	栃木県	928	46.3	3
40	茨城県	1,383	46.4	3
41	三重県	863	46.5	2
42	島根県	341	46.9	2
43	宮崎県	560	48.4	2
44	岡山県	943	48.5	2
45	高知県	398	51.2	2
46	山梨県	478	55.1	1
47	鹿児島県	1,045	60.5	1
	전국	1,088	40.2	

(24) 100만 연 실질노동시간당 노동재해율

순위	도도부현	노동재해율(%)	평점
1	徳島県	0.97	10
2	栃木県	1.02	10
3	滋賀県	1.06	10
4	茨城県	1.14	10
4	愛知県	1.14	10
6	石川県	1.16	9
6	大分県	1.16	9
8	長野県	1.22	9
9	鳥取県	1.27	9
10	三重県	1.36	9
11	兵庫県	1.38	8
12	群馬県	1.44	8
13	広島県	1.48	8
14	東京都	1.51	8
15	福井県	1.54	8
15	岐阜県	1.54	8
17	青森県	1.56	7
18	神奈川県	1.57	7
18	福岡県	1.57	7
20	岡山県	1.59	7
21	秋田県	1.61	6
22	富山県	1.62	6
23	福島県	1.64	6
24	愛媛県	1.65	6
25	熊本県	1.84	6
26	山口県	1.86	5
27	山形県	1.87	5
28	島根県	1.91	5
29	新潟県	1.93	5
30	大阪府	1.97	5
31	香川県	2.00	4
32	岩手県	2.01	4
33	千葉県	2.02	4
34	宮崎県	2.07	4
35	埼玉県	2.23	4
35	山梨県	2.23	4
37	京都府	2.26	3
38	高知県	2.47	3
39	静岡県	2.48	3
40	宮城県	2.51	3
41	和歌山県	2.56	2
42	奈良県	2.60	2
43	沖縄県	2.82	2
44	北海道	3.00	2
45	長崎県	3.12	2
46	佐賀県	3.19	1
47	鹿児島県	3.24	1
	전국	1.75	

(25) 1인당 지방채현재액

순위	도도부현	1인당지방채(엔)	평점
1	神奈川県	350,831	10
2	千葉県	393,302	10
3	埼玉県	433,716	10
4	沖縄県	466,516	10
5	東京都	469.833	10
6	群馬県	487,928	9
7	栃木県	494,126	9
8	大阪府	506,944	9
9	福岡県	527,364	9
10	愛知県	546,721	9
11	三重県	556,687	8
12	京都府	563,470	8
13	福島県	581,779	8
14	茨城県	592,276	8
15	宮城県	602,468	8
16	静岡県	606,514	7
17	岡山県	640,182	7
18	愛媛県	654,618	7
19	広島県	655,413	7
20	岐阜県	668,188	7
21	滋賀県	673,758	6
22	兵庫県	686,521	6
23	長野県	692,484	6
24	奈良県	725,750	6
25	熊本県	742,837	6
26	佐賀県	753,424	5
27	香川県	761,328	5
28	長崎県	766,772	5
29	和歌山県	786,086	5
30	山口県	787,963	5
31	宮崎県	791,291	4
32	大分県	825,847	4
33	青森県	914,238	4
34	山形県	927,654	4
35	鹿児島県	938,604	4
36	富山県	944,638	3
37	高知県	1,003,060	3
38	北海道	1,013,524	3
39	石川県	1,029,543	3
40	福井県	1,032,770	3
41	鳥取県	1,036,424	2
42	山梨県	1,053,035	2
43	岩手県	1,092,708	2
44	秋田県	1,110,716	2
45	新潟県	1,126,740	2
46	徳島県	1,193,117	1
47	島根県	1,378,898	1
	전국	757,204	

(26) 1세대당 부채현재액

순위	도도부현	부채액(만엔)	평점
1	広島県	306	10
2	三重県	310	10
3	福岡県	314	10
4	香川県	324	10
4	宮崎県	324	10
6	鳥取県	339	9
7	福井県	342	9
8	群馬県	365	9
9	福島県	368	9
10	岩手県	378	9
11	和歌山県	393	8
12	青森県	394	8
13	佐賀県	397	8
14	愛媛県	401	8
15	北海道	412	8
16	愛知県	414	7
17	岐阜県	424	7
18	高知県	425	7
19	熊本県	434	7
20	富山県	437	7
21	滋賀県	442	6
22	岡山県	446	6
23	静岡県	449	6
24	徳島県	450	6
25	宮城県	459	6
25	茨城県	459	6
27	沖縄県	473	5
28	島根県	487	5
29	京都府	491	5
30	大分県	492	5
31	新潟県	496	4
32	奈良県	499	4
33	長崎県	505	4
34	山梨県	522	4
35	長野県	535	4
36	埼玉県	538	3
37	神奈川県	539	3
38	秋田県	595	3
39	大阪府	601	3
40	栃木県	614	3
41	山形県	615	2
42	千葉県	622	2
43	兵庫県	651	2
44	鹿児島県	695	2
45	石川県	706	2
46	東京都	711	1
47	山口県	765	1
	전국	489	

(27) 1세대당 저축현재액

순위	도도부현	저축액(만엔)	평점
1	三重県	2,372	10
2	奈良県	2,344	10
3	埼玉県	2,185	10
4	東京都	2,142	10
5	愛知県	2,067	10
6	福井県	2,048	9
7	栃木県	2,043	9
8	群馬県	2,033	9
9	兵庫県	1,982	9
10	広島県	1,936	9
11	神奈川県	1,923	8
12	岐阜県	1,915	8
13	香川県	1,878	8
14	千葉県	1,870	8
15	岡山県	1,867	8
16	静岡県	1,834	7
17	石川県	1,759	7
18	茨城県	1,735	7
19	滋賀県	1,733	7
20	富山県	1,701	7
21	京都府	1,654	6
22	宮城県	1,651	6
23	大阪府	1,649	6
24	高知県	1,625	6
25	山梨県	1,582	6
26	長野県	1,538	5
27	鳥取県	1,494	5
28	福島県	1,440	5
29	佐賀県	1,415	5
30	徳島県	1,411	5
31	和歌山県	1,408	4
32	熊本県	1,370	4
33	新潟県	1,353	4
34	愛媛県	1,315	4
35	山口県	1,277	4
36	鹿児島県	1,267	3
37	秋田県	1,248	3
38	北海道	1,235	3
38	宮崎県	1,235	3
40	長崎県	1,212	3
41	山形県	1,206	2
42	島根県	1,187	2
43	岩手県	1,164	2
44	大分県	1,143	2
45	福岡県	1,003	2
46	青森県	952	1
47	沖縄県	661	1
	전국	1,657	

(28) 65세이상 1인당 노인복지비

순위	도도부현	노인복지비(백만엔)	65세이상인구	1인당(천엔)	평점
1	徳島県	20,808	204,228	101.9	10
2	高知県	21,406	212,088	100.9	10
3	鹿児島県	44,476	446,385	99.6	10
4	沖縄県	22,596	231,421	97.6	10
5	長崎県	35,204	362,043	97.2	10
6	鳥取県	14,556	150,052	97.0	10
7	福岡県	99,899	1,050,467	95.1	9
8	佐賀県	19,005	202,370	93.9	9
9	島根県	19,281	205,700	93.7	9
10	石川県	24,145	261,152	92.5	9
11	富山県	24,990	272,379	91.7	9
12	熊本県	41,316	452,408	91.3	8
13	山口県	35,592	391,440	90.9	8
14	大分県	27,217	306,661	88.8	8
15	京都府	50,086	565,629	88.5	8
16	和歌山県	23,314	264,111	88.3	7
17	愛媛県	32,270	368,229	87.6	7
18	東京都	212,431	2,435,567	87.2	7
19	岡山県	39,987	461,322	86.7	7
20	福井県	16,672	192,847	86.5	7
21	香川県	21,286	246,378	86.4	7
22	青森県	29,504	342,850	86.1	7
23	広島県	54,811	639,903	85.7	7
23	宮崎県	24,336	284,119	85.7	7
25	北海道	108,293	1,279,457	84.6	6
26	秋田県	26,780	317,054	84.5	5
27	大阪府	146,246	1,773,824	82.4	5
28	山梨県	16,783	203,921	82.3	5
29	兵庫県	97,126	1,187,654	81.8	5
30	群馬県	36,263	445,145	81.5	5
30	新潟県	49,166	603,568	81.5	5
32	岐阜県	37,538	473,233	79.3	4
33	山形県	25,028	316,371	79.1	4
34	福島県	38,725	489,889	79.0	4
35	長野県	42,944	546,789	78.5	4
36	三重県	32,847	425,896	77.1	3
36	滋賀県	20,759	269,233	77.1	3
38	岩手県	26,843	352,341	76.2	3
39	宮城県	37,428	495,463	75.5	3
40	奈良県	23,291	310,776	74.9	3
41	茨城県	45,414	622,278	73.0	2
42	愛知県	99,491	1,366,398	72.8	2
43	栃木県	28,770	415,782	69.2	2
44	静岡県	57,979	839,982	69.0	2
45	神奈川県	104,012	1,644,737	63.2	2
46	埼玉県	80,947	1,303,883	62.1	1
47	千葉県	72,254	1,178,043	61.3	1
	전국	47,024	583,223	80.6	

(29) 구호(도움·돌봄)요구자비율

순위	도도부현	구호요구자비율(%)	평점
1	沖縄県	2.8	10
2	埼玉県	3.1	10
2	千葉県	3.1	10
2	神奈川県	3.1	10
5	愛知県	3.3	10
6	栃木県	3.4	9
6	静岡県	3.4	9
8	茨城県	3.7	9
9	奈良県	3.8	9
10	北海道	3.9	9
10	兵庫県	3.9	9
10	宮崎県	3.9	9
13	東京都	4.0	8
13	三重県	4.0	8
13	広島県	4.0	8
16	富山県	4.1	7
16	京都府	4.1	7
18	宮城県	4.2	7
18	山形県	4.2	7
18	群馬県	4.2	7
18	大阪府	4.2	7
18	福岡県	4.2	7
23	福島県	4.3	6
23	佐賀県	4.3	6
25	長野県	4.4	6
26	秋田県	4.5	5
26	新潟県	4.5	5
26	徳島県	4.5	5
29	青森県	4.6	5
29	熊本県	4.6	5
29	鹿児島県	4.6	5
32	高知県	4.7	4
33	山口県	4.8	4
33	長崎県	4.8	4
35	岩手県	4.9	4
35	鳥取県	4.9	4
37	和歌山県	5.1	3
37	大分県	5.1	3
39	石川県	5.6	3
40	山梨県	6.1	3
41	滋賀県	6.5	2
42	福井県	6.6	2
43	岐阜県	6.7	2
44	香川県	7.2	2
45	岡山県	7.3	2
46	愛媛県	8.4	1
47	島根県	9.5	1
	전국	4.1	

(30) 고민·스트레스보유자 비율

순위	도도부현	총수(천명)	비율(%)	평점
1	沖縄県	507	37,2	10
2	茨城県	1,107	37,8	10
2	鹿児島県	653	37.8	10
4	長崎県	551	38.0	10
5	福井県	307	38.1	10
6	大分県	456	38.2	9
7	和歌山県	391	38.4	9
8	宮崎県	441	38.7	9
9	福島県	800	38.9	9
9	石川県	452	38.9	9
11	栃木県	773	39.0	8
11	山梨県	337	39.0	8
13	愛知県	2,815	39.3	8
13	高知県	307	39.3	8
15	千葉県	2,367	39.4	8
16	北海道	2,213	39.8	7
16	熊本県	725	39.8	7
18	山形県	476	39.9	7
19	青森県	564	40.1	7
19	群馬県	794	40.1	7
21	埼玉県	2,835	40.5	6
21	徳島県	323	40.5	6
23	三重県	749	40.9	6
24	岩手県	559	41.1	6
24	岐阜県	847	41.1	6
26	岡山県	798	41.2	5
26	佐賀県	353	41.2	5
28	秋田県	462	41.3	5
28	愛媛県	597	41.3	5
30	静岡県	1,537	41.4	5
31	富山県	455	41.6	4
32	島根県	303	41.7	4
33	福岡県	2,101	41.9	4
34	滋賀県	574	42.0	4
34	鳥取県	251	42.0	4
36	神奈川県	3,695	42.2	3
36	新潟県	1,012	42.2	3
36	長野県	906	42.2	3
36	奈良県	592	42.2	3
40	宮城県	991	42.4	3
41	京都府	1,104	42.6	2
42	東京都	5,343	42.8	2
42	山口県	626	42.8	2
44	香川県	430	43.0	2
45	兵庫県	2,371	43.1	2
46	大阪府	3,734	43.2	1
46	広島県	1,227	43.2	1
	전국	1,102	41.4	

(31) 고민·스트레스의 상담을 원하지만 상담불가능자 비율

순위	도도부현	실수(천명)	비율(%)	평점
1	愛媛県	28	4.7	10
1	鹿児島県	31	4.7	10
3	山梨県	17	5.0	10
3	熊本県	36	5.0	10
5	佐賀県	18	5.1	10
6	滋賀県	30	5.2	9
7	福岡県	111	5.3	9
8	奈良県	32	5.4	9
8	山口県	34	5.4	9
8	長崎県	30	5.4	9
11	山形県	26	5.5	8
11	埼玉県	156	5.5	8
13	和歌山県	22	5.6	8
13	徳島県	18	5.6	8
13	香川県	24	5.6	8
16	大分県	26	5.7	7
16	宮崎県	25	5.7	7
18	福島県	46	5.8	7
18	長野県	53	5.8	7
18	岐阜県	49	5.8	7
21	群馬県	47	5.9	6
21	東京都	316	5.9	6
21	大阪府	219	5.9	6
21	兵庫県	141	5.9	6
21	島根県	18	5.9	6
21	広島県	72	5.9	6
27	茨城県	66	6.0	5
27	千葉県	142	6.0	5
27	鳥取県	15	6.0	5
30	神奈川県	227	6.1	5
30	新潟県	62	6.1	5
30	静岡県	94	6.1	5
30	岡山県	49	6.1	5
34	北海道	137	6.2	4
34	福井県	19	6.2	4
34	高知県	19	6.2	4
37	秋田県	29	6.3	3
37	栃木県	49	6.3	3
37	京都府	70	6.3	3
37	沖縄県	32	6.3	3
41	富山県	29	6.4	2
41	三重県	48	6.4	2
43	愛知県	184	6.5	2
44	宮城県	67	6.8	2
45	石川県	31	6.9	2
46	青森県	41	7.3	1
47	岩手県	44	7.9	1
	전국	66	5.9	

건강하게 생활할 수 있는 현은 어디인가? [의료·건강부문]

[사용지표]

32. 1일중 휴양·휴식 시간	2006년 전국평균 '1일중 휴양·휴식시간'은 128분이다. 오사카부가 현저히 길고, 홋카이도, 토호쿠지역도 긴 경향이 있다. 짧은 경향이 보여지는 곳은 호쿠리쿠지역, 토우카이(東海)지역이다.
33. 1일중 취미·오락 시간	2006년 전국평균 '1일중 취미·오락시간'은 163분이다. 홋카이도, 호쿠리쿠 지역이 길고, 도쿄권에서는 짧은 경향이 보여진다.
34. 1인당 의료비	2009년 전국평균 '1인당 의료비'는 276천엔이다. 낮은 수치가 랭킹의 상위이다. 홋카이도, 아키타현, 이시가와현, 오키나와현 등을 제외하고는 동고서저의 경향이 있다.
35. 10만 명당 병원·진료소의 병상수	2008년 전국평균의 '10만 명당 병원·진료소 병상수'는 1375.2개이다. 큐슈지역, 시코쿠지역이 높고, 대도시권이 전체적으로 낮은 경향을 보인다.
36. 10만 명당 의사수	2008년 전국평균 '10만 명당 의사수'는 224.5인이다. 도쿄도, 토야마현, 이시가와현 등을 제외하고, 서고동저의 경향이 보인다.
37. 10만 명당 노쇠사망자수	2009년 전국평균 '10만 명당 노쇠사망자수'는 30.7인이다. 홋카이도, 도쿄권, 오사카권, 큐슈지역, 오키나와가 적은 결과를 보여준다.
38. 10만 명당 자살사망자수	2009년 전국평균 '10만 명당 자살사망자수'는 24.4인이다. 낮은 수치가 랭킹의 상위이다. 토호쿠지역에서 많은 경향을 보인다.
39. 평균수명(남)	2005년 전국평균 '평균수명(남)'은 78.79세이다. 토호쿠지역에서 짧은 경향이 보인다.
40. 평균수명(여)	2005년 전국평균 '평균수명(여)'은 85.75세이다. 미야기현, 야마가타현을 제외한 토호쿠지역, 카나가와현을 제외한 관동지역, 더하여 시즈오카현을 제외한 토우카이지역이 낮은 경향을 보인다.

(32) 1일 휴양·휴식시간

순위	도도부현	휴양시간(분)	평점
1	大阪府	162	10
2	北海道	146	10
3	山形県	139	10
4	青森県	138	10
5	千葉県	136	10
5	新潟県	136	10
5	愛媛県	136	10
5	佐賀県	136	10
9	沖縄県	134	9
10	秋田県	133	9
10	島根県	133	9
12	宮城県	132	8
13	岩手県	131	8
13	奈良県	131	8
13	福岡県	131	8
13	熊本県	131	8
17	茨城県	130	7
17	香川県	130	7
19	鹿児島県	129	7
20	福島県	128	7
21	群馬県	127	6
21	岐阜県	127	6
21	高知県	127	6
21	長崎県	127	6
25	栃木県	126	5
25	埼玉県	126	5
25	東京都	126	5
25	山梨県	126	5
25	長野県	126	5
25	兵庫県	126	5
25	鳥取県	126	5
32	富山県	125	4
32	和歌山県	125	4
32	岡山県	125	4
35	山口県	124	4
36	石川県	123	3
36	三重県	123	3
36	大分県	123	3
39	愛知県	121	3
40	宮崎県	120	3
41	神奈川県	119	2
41	福井県	119	2
41	広島県	119	2
44	静岡県	116	2
44	徳島県	116	2
46	滋賀県	115	1
47	京都府	114	1
	전국	128	

(33) 1일 취미·오락시간

순위	도도부현	취미오락시간(분)	평점
1	北海道	188	10
2	大阪府	183	10
3	宮城県	179	10
4	秋田県	178	10
5	岡山県	175	10
6	石川県	173	9
7	茨城県	172	9
8	三重県	170	9
8	山口県	170	9
10	富山県	169	9
11	群馬県	167	8
11	愛媛県	167	8
11	鹿児島県	167	8
14	福井県	166	8
14	熊本県	166	8
16	新潟県	165	7
16	岐阜県	165	7
16	鳥取県	165	7
16	香川県	165	7
16	高知県	165	7
21	徳島県	164	6
22	栃木県	161	6
22	愛知県	161	6
22	滋賀県	161	6
25	青森県	160	6
25	岩手県	160	6
25	福岡県	160	6
25	宮崎県	160	6
29	山形県	159	5
29	山梨県	159	5
29	和歌山県	159	5
29	大分県	159	5
33	福島県	158	4
33	埼玉県	158	4
33	千葉県	158	4
33	長崎県	158	4
37	東京都	157	3
38	広島県	156	3
38	佐賀県	156	3
40	沖縄県	155	3
41	島根県	153	2
42	長野県	152	2
43	静岡県	150	2
44	兵庫県	149	2
45	奈良県	148	2
46	京都府	147	1
47	神奈川県	138	1
	전국	163	

(34) 1인당 의료비

순위	도도부현	의료비(억엔)	1인당(천엔)	평점
1	埼玉県	15,186	213	10
2	千葉県	13,798	225	10
3	神奈川県	20,766	232	10
4	茨城県	7,035	238	10
4	滋賀県	3,349	238	10
6	静岡県	9,373	247	9
6	愛知県	18,293	247	9
8	三重県	4,730	253	9
9	栃木県	5,134	256	9
10	岐阜県	5,383	257	9
11	山梨県	2,258	260	8
12	長野県	5,638	261	8
13	宮城県	6,199	265	8
13	群馬県	5,328	265	8
13	沖縄県	3,662	265	8
16	新潟県	6,370	268	7
16	奈良県	3,743	268	7
18	兵庫県	15,305	274	7
19	岩手県	3,692	276	7
20	福島県	5,667	278	7
20	富山県	3,041	278	7
22	東京都	35,958	279	7
23	福井県	2,275	282	6
24	山形県	3,339	283	6
25	京都府	7,522	287	6
26	青森県	3,991	289	5
27	石川県	3,522	302	5
28	大阪府	26,645	303	5
29	島根県	2,197	306	5
30	和歌山県	3,095	308	5
31	鳥取県	1,829	309	4
31	愛媛県	4,432	309	4
33	岡山県	6,029	310	4
34	宮崎県	3,519	311	4
35	秋田県	3,422	312	4
36	佐賀県	2,676	314	3
37	香川県	3,168	317	3
38	広島県	9,125	319	3
39	山口県	4,747	326	3
39	熊本県	5,908	326	3
41	福岡県	16,625	329	2
42	徳島県	2,625	333	2
42	鹿児島県	5,696	333	2
44	大分県	4,002	335	2
45	北海道	18,542	337	2
46	長崎県	4,855	340	1
47	高知県	2,806	366	1
	전국	7,501	276	

(35) 10만 명당 병상수(병원+진료소)

순위	도도부현	10만명당병상수	평점
1	高知県	2704.3	10
2	鹿児島県	2464.9	10
3	熊本県	2330.8	10
4	長崎県	2312.8	10
5	徳島県	2262.0	10
6	佐賀県	2158.5	9
7	大分県	2130.9	9
8	宮崎県	2106.9	9
9	山口県	2073.5	9
10	北海道	1982.4	9
11	福岡県	1944.1	8
12	愛媛県	1914.2	8
13	香川県	1826.9	8
14	石川県	1796.4	8
15	富山県	1749.1	8
16	島根県	1744.0	7
17	岡山県	1718.3	7
18	鳥取県	1675.8	7
19	福井県	1642.7	7
20	青森県	1642.3	7
21	秋田県	1641.5	6
22	広島県	1616.1	6
23	和歌山県	1596.1	6
24	岩手県	1584.1	6
25	福島県	1546.2	6
26	沖縄県	1524.4	5
27	京都府	1442.6	5
28	山梨県	1392.9	5
29	山形県	1387.1	5
30	群馬県	1366.2	5
31	新潟県	1308.1	4
32	大阪府	1282.9	4
33	宮城県	1259.0	4
34	栃木県	1240.6	4
35	三重県	1239.9	4
36	奈良県	1231.1	3
37	兵庫県	1230.4	3
38	長野県	1217.7	3
39	茨城県	1207.9	3
40	静岡県	1157.1	3
41	滋賀県	1107.3	2
42	岐阜県	1102.6	2
43	東京都	1041.8	2
44	愛知県	1001.9	2
45	千葉県	980.5	2
46	埼玉県	942.0	1
47	神奈川県	870.7	1
	전국	1375.2	

(36) 10만 명당 의사수

순위	도도부현	10만명당 의사수(명)	평점
1	徳島県	299.4	10
2	東京都	296.6	10
3	京都府	295.0	10
4	鳥取県	287.6	10
5	福岡県	283.1	10
6	高知県	282.5	9
7	長崎県	278.3	9
8	岡山県	272.9	9
9	和歌山県	268.8	9
10	島根県	263.6	9
11	石川県	259.2	8
12	熊本県	258.4	8
13	香川県	258.2	8
14	大阪府	257.2	8
15	佐賀県	251.6	8
16	山口県	248.1	7
17	大分県	247.9	7
18	愛媛県	243.7	7
19	富山県	240.0	7
20	広島県	239.2	7
21	鹿児島県	236.3	6
22	宮崎県	229.0	6
23	福井県	228.0	6
24	沖縄県	226.4	6
25	北海道	224.9	6
26	兵庫県	220.4	5
27	宮城県	218.2	5
28	奈良県	215.0	5
29	山梨県	211.8	5
30	栃木県	211.1	5
31	山形県	210.4	4
32	秋田県	208.2	4
33	群馬県	208.1	4
34	滋賀県	206.8	4
35	長野県	205.0	4
36	愛知県	194.8	3
37	岩手県	191.9	3
38	三重県	190.9	3
39	福島県	190.3	3
40	神奈川県	188.3	3
41	新潟県	187.5	2
42	岐阜県	184.2	2
43	青森県	184.1	2
44	静岡県	184.0	2
45	千葉県	167.1	2
46	茨城県	162.1	1
47	埼玉県	146.1	1
	전국	224.5	

(37) 10만 명당 노쇠사망자수

순위	도도부현	10만명당 사망자수(명)	평점
1	島根県	58.3	10
2	長野県	57.1	10
3	和歌山県	55.5	10
4	三重県	54.4	10
5	山梨県	52.4	10
6	鳥取県	52.3	9
7	山形県	50.4	9
8	静岡県	49.0	9
9	愛媛県	46.4	9
10	徳島県	44.7	9
11	新潟県	42.2	8
12	山口県	42.1	8
13	岐阜県	42.0	8
14	福島県	39.6	8
15	富山県	38.8	8
16	香川県	38.2	7
17	石川県	37.7	7
18	岩手県	37.5	7
19	岡山県	37.4	7
20	青森県	37.2	7
20	宮城県	37.2	7
22	茨城県	36.6	6
23	栃木県	36.5	6
24	秋田県	36.2	6
25	大分県	35.6	6
26	広島県	35.1	5
27	高知県	34.9	5
28	熊本県	34.2	5
29	長崎県	32.4	5
30	宮崎県	31.7	5
31	群馬県	31.6	4
32	福井県	31.5	4
33	鹿児島県	30.9	4
34	兵庫県	30.2	4
35	愛知県	28.6	4
36	奈良県	27.7	3
37	滋賀県	27.6	3
38	千葉県	27.5	3
39	佐賀県	27.0	3
40	京都府	26.9	3
41	神奈川県	24.9	2
42	東京都	24.1	2
43	埼玉県	20.1	2
44	福岡県	19.7	2
45	北海道	19.6	2
46	大阪府	17.3	1
47	沖縄県	16.1	1
	전국	30.7	

(38) 10만 명당 자살사망자수

순위	도도부현	10만명당 사망자수(명)	평점
1	奈良県	19.6	10
2	滋賀県	20.2	10
3	香川県	20.7	10
4	岡山県	20.8	10
5	愛知県	20.9	10
6	徳島県	21.1	9
7	神奈川県	21.6	9
8	静岡県	21.7	9
9	千葉県	21.9	9
10	石川県	22.0	9
11	京都府	22.1	8
12	兵庫県	22.5	8
13	東京都	22.7	8
14	岐阜県	23.1	8
14	長崎県	23.1	8
16	愛媛県	23.2	7
17	三重県	23.3	7
18	広島県	23.6	7
18	福岡県	23.6	7
20	福井県	23.9	7
21	大阪府	24.1	6
22	埼玉県	24.4	6
22	鹿児島県	24.4	6
24	長野県	24.7	6
25	宮城県	24.8	6
26	大分県	24.9	5
27	茨城県	25.0	5
27	熊本県	25.0	5
29	鳥取県	25.6	5
30	和歌山県	25.8	5
31	山梨県	26.0	4
32	北海道	26.2	4
33	佐賀県	26.6	4
34	富山県	27.1	4
35	群馬県	27.3	4
36	山形県	27.4	3
37	栃木県	27.8	3
38	沖縄県	27.9	3
39	山口県	28.3	3
40	福島県	29.1	3
41	宮崎県	29.8	2
42	新潟県	30.0	2
43	高知県	30.5	2
44	島根県	30.9	2
45	岩手県	34.4	2
46	青森県	34.6	1
47	秋田県	38.1	1
	전국	24.4	

(39) 평균수명(남)

순위	도도부현	평균수명(세)	평점
1	長野県	79.84	10
2	滋賀県	79.60	10
3	神奈川県	79.52	10
4	福井県	79.47	10
5	東京都	79.36	10
6	静岡県	79.35	9
7	京都府	79.34	9
8	石川県	79.26	9
9	奈良県	79.25	9
10	岡山県	79.22	9
10	熊本県	79.22	9
12	富山県	79.07	8
13	広島県	79.06	8
14	埼玉県	79,05	8
14	愛知県	79.05	8
16	岐阜県	79.00	7
17	大分県	78.99	7
18	千葉県	78.95	7
19	香川県	78.91	7
20	三重県	78.90	7
21	山梨県	78.89	6
22	群馬県	78.78	6
23	新潟県	78.75	6
24	兵庫県	78.72	6
25	沖縄県	78.64	6
26	宮崎県	78.62	5
27	宮城県	78.60	5
28	山形県	78.54	5
29	島根県	78.49	5
30	茨城県	78.35	5
30	福岡県	78.35	5
32	佐賀県	78.31	4
33	北海道	78.30	4
34	鳥取県	78.26	4
35	愛媛県	78.25	4
36	大阪府	78.21	3
37	長崎県	78.13	3
38	山口県	78.11	3
39	徳島県	78.09	3
40	栃木県	78.01	3
41	福島県	77.97	2
41	和歌山県	77.97	2
41	鹿児島県	77.97	2
44	高知県	77.93	2
45	岩手県	77.81	2
46	秋田県	77.44	1
47	青森県	76.27	1
	전국	78.79	

(40) 평균수명(여)

순위	도도부현	평균수명(세)	평점
1	沖縄県	86.88	10
2	島根県	86.57	10
3	熊本県	86.54	10
4	岡山県	86.49	10
5	長野県	86.48	10
6	石川県	86.46	9
7	富山県	86.32	9
8	鳥取県	86.27	9
8	新潟県	86.27	9
8	広島県	86.27	9
11	福井県	86.25	8
12	山梨県	86.17	8
12	滋賀県	86.17	8
14	宮崎県	86.11	8
15	大分県	86.06	8
15	静岡県	86.06	8
17	佐賀県	86.04	7
18	神奈川県	86.03	7
19	京都府	85.92	7
20	香川県	85.89	7
21	高知県	85.87	6
22	長崎県	85.85	6
23	福岡県	85.84	6
23	奈良県	85.84	6
25	北海道	85.78	6
26	宮城県	85.75	5
27	山形県	85.72	5
28	東京都	85.70	5
28	鹿児島県	85.70	5
30	徳島県	85.67	5
31	愛媛県	85.64	4
32	山口県	85.63	4
33	兵庫県	85.62	4
34	三重県	85.58	4
35	岐阜県	85.56	4
36	千葉県	85.49	3
36	岩手県	85.49	3
38	群馬県	85.47	3
39	福島県	85.45	3
40	愛知県	85.40	3
41	和歌山県	85.34	2
42	埼玉県	85.29	2
43	茨城県	85.26	2
44	大阪府	85.20	2
45	秋田県	85.19	2
46	栃木県	85.03	1
47	青森県	84.80	1
	전국	85.75	

2 | 종합랭킹

(1) 제1위는 후쿠이현, 제2위는 토야마현, 제3위는 이시가와현

40개 지표의 종합평균평점이 가장 높은 곳은 후쿠이현(7.23점)이다. 제2위는 후쿠이현과 불과 0.03포인트 차이로 토야마현(7.20점), 제3위는 이시가와현(6.90점), 제4위는 돗토리현(6.63점), 그리고 제5위는 사가현과 구마모토현(6.55점)으로 이어진다. 그리고 제7위는 나가노현(6.48점), 제8위는 시마네현(6.35점), 제9위는 미에현(6.25점), 제10위는 니가타현(6.18점)이다.

상위 3개 현은 모두 호쿠리쿠지역이라는 점이 흥미롭다. 또한 상위 10개 현 모두에서 인구규모가 250만명 이하의 경제력·생산력의 측면에서 지금까지 별로 등장하지 않은 현이라고 하는 점도 특징이다.

(2) 제47위는 오사카부, 제46위는 고치현, 제45위는 효고현

40개 지표의 종합평균평점이 역으로 가장 낮은 곳은 오사카부(4.75)이다. 종합적인 사회경제력이라고 하는 점에서는 47개 도도부현 가운데 대략 제2위의 위치에 있는 오사카부이지만, 이번 '행복도지표' 척도에서는 전국 제47위로 나타났다.

제46위는 고치현(5.00점), 제45위는 효고현(5.03점), 제44위는 사이타마현(5.08점), 제43위는 홋카이도현(5.15점)으로 계속된다. 더하여 제42위는 교토부(5.18점), 제41위는 오키나와현(5.20점), 제40위는 아오모리현(5.25점), 제39위는 후쿠오카현(5.28점), 그리고 제38위는 도쿄도(5.38점)이다.

하위 10개 현을 보면 아오모리현·오키나와현·고치현을 제외하고 전부 인구규모가 250만명 이상이며, 경제력·생산력의 측면에서는 높은 평가를 받고 있는 도도부현이라는 점이 특징이다.

(3) '행복도지표'의 밸런스가 좋은 토야마현

40개 지표를 그룹핑한 4개의 그룹지표를 보면, 후쿠이현은 '생활·가족부문'의 평균평점이 7.4점으로 제3위, '노동·기업부문'은 8.1점으로 제1위, '안전·안심부문'은 6.9점으로 제1위, '의료·건강부문'이 6.4점으로 제9위이다.

제2위의 토야마현을 보면 '생활·가족부문'의 평균평점이 7.3점으로 제5위, '노동·기업부문'은 7.7점으로 제3위, '안전·안심부문'은 6.8점으로 제3위, '의료·건강부문'이 7.1점으로 제4위이다. 이러한 결과는 행복도의 밸런스에서는 오히려 토야마현이 낫다고 말할 수 있을지도 모른다.

(4) 종합평가 제47위의 오사카부, 제46위의 고치현은 태반의 지표가 낮은 등위

47위의 오사카부를 4개의 그룹지표로 보면 '생활·가족부문'은 4.2점으로 제44위, '노동·기업부문'은 3.8점으로 제46위, '안전·안심부문'은 5.4점으로 제32위, '의료·건강부문'이 5.4점으로 제33위이다. 전체 그룹지표가 도도부현중 하위 또는 중위의 결과이다.

또한 46위의 고치현을 보면 '생활·가족부문'이 4.2점으로 제44위, '노동·기업부문'은 5.3점으로 제32위, '안전·안심부문'은 5.1점으로 제44위, '의료·건강부문'이 5.3점으로 제34위이다.

이런 경향은 효고현, 교토부에서도 발견되는 바, 이들 부현의 경우 전부문에 있어 시급한 개선이 강하게 요구된다고 할 수 있다.

(5) 입지가 결정적인 이유가 아니다

종합랭킹이나 부문별 랭킹을 보면 같은 지역입지에서도 극단적인 차이가 보여진다. 이러한 점은 도도부현의 지역발전에 대한 관점·집행방법에서, 그리고 그곳에 입지하고 있는 기업이나 거주하고 있는 사람들의 사고방식·행동에 의해 행복도가 높은 지역을 만드는 것이 가능하다는 것이다.

(6) 도주제는 필요한가

종합랭킹을 보면 대도시권의 행복도가 전체적으로 낮고, 역으로 인구규모가 작은 현이나 지방권의 행복도가 전체적으로 높은 경향을 보여준다. 이는 최근 논의되고 있는 도주제는 '행복도'라고 하는 관점에서 볼 경우 잘 검토하지 않으면 안 된다는 것을 시사한다.

▸ 종합랭킹

순위	도도부현	평점
1	福井県	7.23
2	富山県	7.20
3	石川県	6.90
4	鳥取県	6.63
5	佐賀県	6.55
5	熊本県	6.55
7	長野県	6.48
8	島根県	6.35
9	三重県	6.25
10	新潟県	6.18
11	滋賀県	6.13
12	香川県	6.10
13	岐阜県	6.08
14	山梨県	6.05
14	大分県	6.05
16	山口県	6.00
16	徳島県	6.00
18	広島県	5.95
19	山形県	5.93
19	静岡県	5.93
21	愛知県	5.90
22	岩手県	5.88
22	長崎県	5.88
24	岡山県	5.83
25	群馬県	5.80
26	栃木県	5.75
27	福島県	5.73
27	愛媛県	5.73
27	宮崎県	5.73
30	茨城県	5.68
31	奈良県	5.65
32	和歌山県	5.63
33	千葉県	5.53
33	神奈川県	5.53
35	鹿児島県	5.45
36	宮城県	5.43
37	秋田県	5.40
38	東京都	5.38
39	福岡県	5.28
40	青森県	5.25
41	沖縄県	5.20
42	京都府	5.18
43	北海道	5.15
44	埼玉県	5.08
45	兵庫県	5.03
46	高知県	5.00
47	大阪府	4.75

▸ 생활·가족부문

순위	도도부현	평점
1	長野県	8.3
2	島根県	7.8
3	福井県	7.4
3	岐阜県	7.4
5	富山県	7.3
5	石川県	7.3
7	三重県	7.1
8	山形県	7.0
9	山梨県	6.8
9	鳥取県	6.8
11	岩手県	6.7
11	滋賀県	6.7
13	新潟県	6.6
13	佐賀県	6.6
15	香川県	6.3
16	栃木県	6.2
16	山口県	6.2
16	大分県	6.2
19	秋田県	6.1
19	長崎県	6.1
21	群馬県	6.0
21	広島県	6.0
21	熊本県	6.0
24	奈良県	5.9
24	宮崎県	5.9
26	愛媛県	5.8
27	福島県	5.7
28	徳島県	5.4
29	青森県	5.3
29	愛知県	5.3
29	鹿児島県	5.3
32	千葉県	5.2
33	宮城県	5.1
33	茨城県	5.1
33	静岡県	5.1
33	京都府	5.1
33	岡山県	5.1
38	兵庫県	5.0
38	和歌山県	5.0
40	神奈川県	4.8
41	埼玉県	4.6
42	沖縄県	4.4
43	福岡県	4.3
44	大阪府	4.2
44	高知県	4.2
46	北海道	4.1
46	東京都	4.1

▸ 노동·기업부문

순위	도도부현	평점
1	福井県	8.1
2	佐賀県	8.0
3	富山県	7.7
4	静岡県	7.3
5	愛知県	7.1
6	山梨県	7.0
6	和歌山県	7.0
8	山口県	6.9
9	石川県	6.7
10	新潟県	6.6
11	岩手県	6.5
11	島根県	6.5
13	鳥取県	6.4
14	宮崎県	6.3
15	茨城県	6.2
15	栃木県	6.2
17	山形県	6.1
17	長野県	6.1
17	三重県	6.1
17	滋賀県	6.1
21	徳島県	6.0
21	香川県	6.0
21	大分県	6.0
24	岐阜県	5.9
24	熊本県	5.9
26	鹿児島県	5.8
27	広島県	5.6
27	長崎県	5.6
29	群馬県	5.5
29	岡山県	5.5
31	福島県	5.4
32	青森県	5.3
32	東京都	5.3
32	高知県	5.3
35	千葉県	5.2
35	神奈川県	5.2
37	埼玉県	5.0
38	愛媛県	4.9
39	宮城県	4.8
39	秋田県	4.8
39	京都府	4.8
39	奈良県	4.8
43	兵庫県	4.6
44	福岡県	4.4
45	北海道	4.3
46	大阪府	3.8
46	沖縄県	3.8

▸ 안전·안심부문

순위	도도부현	평점
1	福井県	6.9
1	熊本県	6.9
3	福島県	6.8
3	神奈川県	6.8
3	富山県	6.8
6	鳥取県	6.7
7	沖縄県	6.6
8	広島県	6.5
9	群馬県	6.3
9	石川県	6.3
9	徳島県	6.3
12	福岡県	6.2
12	大分県	6.2
14	北海道	6.1
14	埼玉県	6.1
14	東京都	6.1
17	千葉県	6.0
17	奈良県	6.0
17	佐賀県	6.0
17	長崎県	6.0
21	茨城県	5.9
22	青森県	5.8
22	秋田県	5.8
22	栃木県	5.8
22	愛知県	5.8
22	三重県	5.8
22	滋賀県	5.8
28	新潟県	5.6
28	愛媛県	5.6
30	岩手県	5.5
30	兵庫県	5.5
32	宮城県	5.4
32	長野県	5.4
32	静岡県	5.4
32	大阪府	5.4
32	山口県	5.4
32	宮崎県	5.4
38	岐阜県	5.3
38	京都府	5.3
38	香川県	5.3
41	和歌山県	5.2
41	岡山県	5.2
41	鹿児島県	5.2
44	山形県	5.1
44	高知県	5.1
46	島根県	5.0
47	山梨県	4.6

▸ 의료·건강부문

순위	도도부현	평점
1	岡山県	7.8
2	石川県	7.4
3	熊本県	7.3
4	富山県	7.1
4	香川県	7.1
6	愛媛県	6.8
7	鳥取県	6.7
8	島根県	6.6
9	長野県	6.4
9	宮城県	6.4
9	福井県	6.4
12	山梨県	6.2
12	三重県	6.2
12	徳島県	6.2
15	新潟県	6.1
16	滋賀県	6.0
16	福岡県	6.0
18	北海道	5.9
18	岐阜県	5.9
18	奈良県	5.9
18	静岡県	5.9
22	山形県	5.8
22	東京都	5.8
22	長崎県	5.8
22	大分県	5.8
26	佐賀県	5.7
26	沖縄県	5.7
28	千葉県	5.6
28	京都府	5.6
28	広島県	5.6
28	山口県	5.6
28	鹿児島県	5.6
33	大阪府	5.4
34	茨城県	5.3
34	群馬県	5.3
34	愛知県	5.3
34	和歌山県	5.3
34	高知県	5.3
34	宮崎県	5.3
40	神奈川県	5.0
41	兵庫県	4.9
41	岩手県	4.9
43	秋田県	4.8
43	福島県	4.8
45	栃木県	4.7
46	青森県	4.4
47	埼玉県	4.3

제3장

도도부현별 지표랭킹

일러두기

본 장의 각 부문 항목명은 다음과 같이 제2장의 각 항목과 연계되어 있다.

출생률=(1)합계특수출생률, 미혼율=(2)미혼율, 전입률=(3)전입률, 교제비=(4)교제비비율, 자가주택율=(5)주택보유율, 평수(다다미수)=(6)1인당 다다미수, 하수도=(7)하수도보급율, 생활보호=(8)생활보호피보호실인원비율, 보육소정원=(9)보육소 수용정원비율, 이직률=(10)이직률, 노동시간=(11)총 실재노동시간, 직업보유율=(12)직업보유율, 정사원비율=(13)정사원비율, 취업희망자=(14)계속취업희망자비율, 취업기간=(15)직업보유자의 평균계속취업기간, 완전실업율=(16)완전실업율, 장애인고용=(17)장애인고용율, 결손법인=(18)결손법인비율, 평균공임월액=(19)작업소 평균공임월지급액의 실적, 형사범죄인지수=(20)10만 명당 형법범죄 인지건수, 공해고충건수=(21)10만 명당 공해고충건수, 교통사고건수=(22)10만 명당 교통사고발생건수, 화재건수=(23)10만 명당 화재건수, 노동재해율=(24)100만 연실질노동시간당 노동재해율, 지방채=(25)1인당 지방채현재액, 부채액=(26)1세대당 부채현재액, 저축액=(27)1세대당 저축현재액, 노인복지비=(28)65세이상 1인당 노인복지비, 도움요구율=(29)도움 및 돌봄 요구자비율, 고민/스트레스=(30)고민 및 스트레스 보유자비율, 상담요구율=(31)고민이나 스트레스로 상담을 원하지만 상담 받지 못하고 있는 자의 비율, 휴식시간=(32)1일중 휴양·휴식시간, 취미오락시간=(33)1일중 취미·오락시간, 의료비=(34)1인당 의료비, 병상수=(35)10만 명당 병원·진료소의 병상수, 의사수=(36)10만 명당 의사수, 노쇠사망자수=(37)10만 명당 노쇠사망자수, 자살사망자수=(38)10만 명당 자살사망자수, 평균수명(남)=(39)평균수명(남), 평균수명(여)=(40)평균수명(여)

각 표 가운데 랭킹은 다음과 같이 표시한다.

항목	값	순위	순위	구분
취업기간	15.7	3	10	베스트3
결손법인	68.0	4	10	베스트10
노동시간	154.2	46	1	워스트10
취업률	31.9	25	6	상기 이외

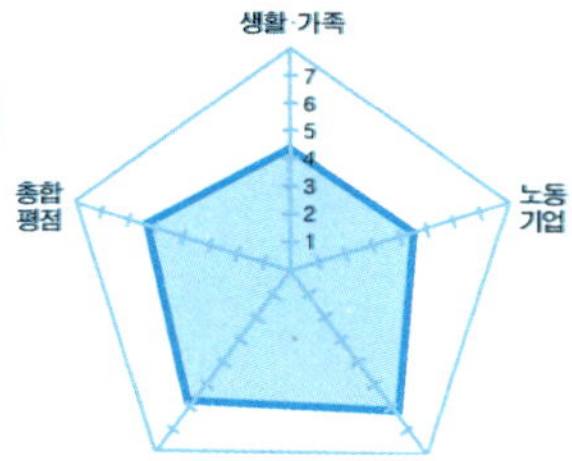

홋카이도(北海道) 43위

생활에 여유가 있지만, 이직률이 높다

40개 지표를 평균화한 종합평균평점은 5.15점으로 전국 순위는 제43위이다. 4부문 지표에서는 '안전·안심부문'이 14위로 4부문 중에서는 가장 양호하지만, '생활·가족부문'이 46위, '노동·기업부문'이 45위로 낮다.

지역적으로는 도시와 같이 상업화된 오락시설이 없음에도 지역이나 가정내에서 취미·오락을 즐기는 것으로 보인다. 따라서 휴양·휴식시간이 만들어지고, 생활의 여유를 느낄 수 있다. 안전·안심하고 생활할 수 있는 환경이 있다. 한편 이직률이 높고, 직업보유율, 정사원비율이 낮은 것이 염려된다.

안전·안심부문			
	수치	순위	평점
형사범죄인지수	927.9	20	7
공해고충건수	41.2	6	9
교통사고건수	354.2	4	10
화재건수	42.3	27	5
노동재해율	3.00	44	2
지방채	1,013,524	38	3
부채액	412	15	8
저축액	1,235	38	3
노인복지비	84.6	25	6
도움요구율	3.9	10	9
고민/스트레스	39.8	16	7
상담요구율	6.2	34	4

생활·가족부문			
	수치	순위	평점
출생률	1.19	46	1
미혼율	32.6	13	8
전입률	0.90	47	1
교제비	6.3	34	4
자가주택률	57.2	42	2
평수(다다미수)	16.34	6	9
하수도	89.1	6	9
생활보호	25.5	46	1
보육소정원	19.6	41	2

의료·건강부문			
	수치	순위	평점
휴식시간	146	2	10
취미오락시간	188	1	10
의료비	337	45	2
병상수	1982.4	10	9
의사수	224.9	25	6
노쇠사망자수	19.6	45	2
자살사망자수	26.2	32	4
평균수명(남)	78.30	33	4
평균수명(여)	85.78	25	6

노동·기업부문			
	수치	순위	평점
이직률	35.6	47	1
노동시간	148.3	23	6
직업보유율	55.5	45	2
정사원비율	57.4	44	2
취업희망자	78.08	39	3
취업기간	13.0	38	3
완전실업률	5.1	32	4
장애인고용	1.85	15	8
결손법인	73.3	35	4
평균공임월액	15,760	4	10

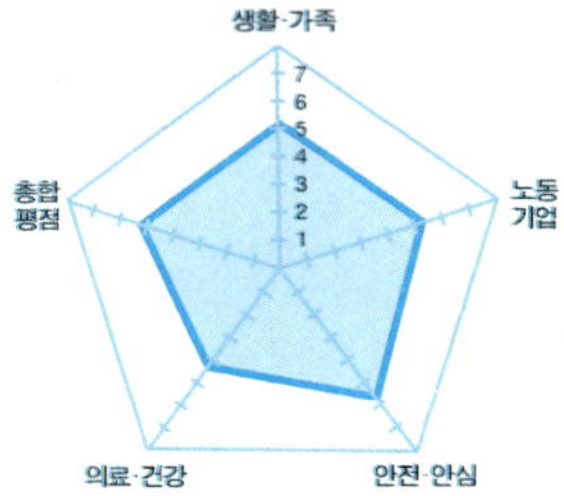

아오모리현(青林県) 40위

노동과 의료에서 개선이 필요

종합평균평점은 5.25점으로 전국 순위는 제40위이다. 4부문 지표에서는 '의료·건강부문'이 46위, '노동·기업부문'이 32위로 낮다.

젊은 노동자가 대도시에서 일시취업을 구하고 있는 경향이 있다. 의료와 노동의 측면에서 환경이 양호하지는 못하다. 저축액도 타도도부현과 비교하여 낮은 등위이다. 상담이 가능한 가족이 떨어져 있는 경우가 많아, 고민이나 스트레스를 다른 누구에게 상담할 수 없는 것이 아닌가 생각된다.

안전·안심부문			
	수치	순위	평점
형사범죄인지수	723.7	9	9
공해고충건수	56.9	16	7
교통사고건수	435.5	7	9
화재건수	44.5	34	4
노동재해율	1.56	17	7
지방채	914,238	33	4
부채액	394	12	8
저축액	952	46	1
노인복지비	86.1	22	7
도움요구율	4.6	29	5
고민/스트레스	40.1	19	7
상담요구율	7.3	46	1

생활·가족부문			
	수치	순위	평점
출생률	1.26	42	2
미혼율	32.7	14	8
전입률	1.46	32	4
교제비	4.2	46	1
자가주택률	71.7	13	8
평수(다다미수)	16.52	4	10
하수도	53.6	33	4
생활보호	18.0	42	2
보육소정원	51.7	9	9

의료·건강부문			
	수치	순위	평점
휴식시간	138	4	10
취미오락시간	160	25	6
의료비	289	26	5
병상수	1642.3	20	7
의사수	184.1	43	2
노쇠사망자수	37.2	20	7
자살사망자수	34.6	46	1
평균수명(남)	76.27	47	1
평균수명(여)	84.80	47	1

노동·기업부문			
	수치	순위	평점
이직률	31.9	25	6
노동시간	154.2	46	1
직업보유율	57.2	34	4
정사원비율	62.2	19	7
취업희망자	79.28	29	5
취업기간	15.7	3	10
완전실업률	6.5	45	2
장애인고용	1.71	24	6
결손법인	68.0	4	10
평균공임월액	10,361	42	2

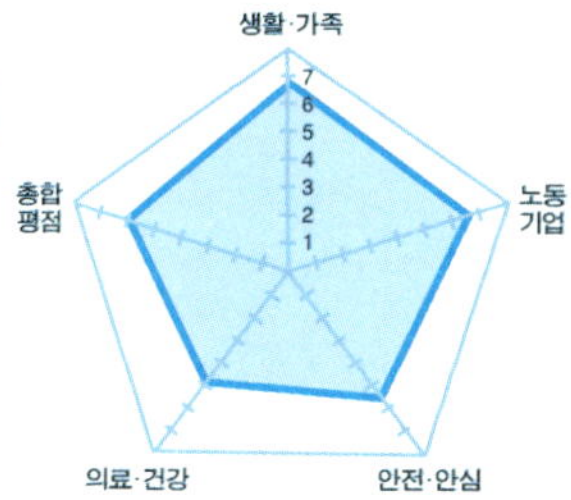

이와테현(岩手県) 22위

약자와 장애인을 배려

종합평균평점은 5.88점으로 전국 순위는 제22위이다. 4부문 지표에서는 '생활·가족부문'이 11위, '노동·기업부문'이 11위로 비교적 양호하지만, '의료·건강부문'이 41위로 낮다.

범죄가 적고, 사람간 관계로 보면 매우 살기 좋은 환경이다. 반면 고민이나 스트레스를 상담할 수 있는 사람이 적고, 자살사망자의 수가 많은 것이 염려된다. 약자와 장애인을 배려하고, 거주하기 좋고, 일하기 좋은 현이라고 생각된다.

안전·안심부문			
	수치	순위	평점
형사범죄인지수	555.1	2	10
공해고충건수	43.9	7	9
교통사고건수	327.4	2	10
화재건수	40.3	22	6
노동재해율	2.01	32	4
지방채	1,092,708	43	2
부채액	378	10	9
저축액	1,164	43	2
노인복지비	76.2	38	3
도움요구율	4.9	35	4
고민/스트레스	41.1	24	6
상담요구율	7.9	47	1

생활·가족부문			
	수치	순위	평점
출생률	1.37	26	5
미혼율	32.5	11	8
전입률	1.34	36	3
교제비	7.9	10	9
자가주택률	71.9	12	8
평수(다다미수)	16.24	7	9
하수도	52.0	35	4
생활보호	8.7	20	7
보육소정원	41.1	19	7

의료·건강부문			
	수치	순위	평점
휴식시간	131	13	8
취미오락시간	160	25	6
의료비	276	19	7
병상수	1584.1	24	6
의사수	191.9	37	3
노쇠사망자수	37.5	18	7
자살사망자수	34.4	45	2
평균수명(남)	77.81	45	2
평균수명(여)	85.49	36	3

노동·기업부문			
	수치	순위	평점
이직률	30.8	20	7
노동시간	150.2	37	3
직업보유율	59.4	20	7
정사원비율	63.0	11	8
취업희망자	78.95	31	4
취업기간	15.2	7	9
완전실업률	5.1	32	4
장애인고용	1.86	12	8
결손법인	72.2	27	5
평균공임월액	15,579	5	10

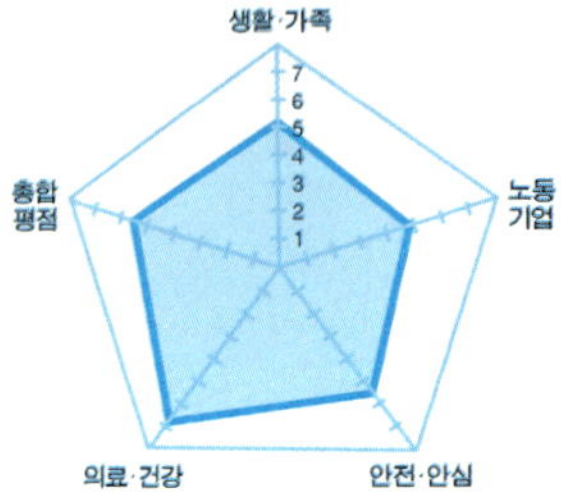

미야기현(宮城県) 36위

의료환경은 좋지만, 실업률이 높다

종합평균평점은 5.43점으로 전국 순위는 제36위이다. 4부문 지표에서는 '의료·건강부문'이 9위로 4부문 중에서는 가장 양호하지만, '노동·기업부문'이 39위로 낮고, '안전·안심부문', '생활·가족부문'이 32위, 33위로 낮다.

토호쿠지역에 있어 경제, 의료, 문화의 측면에서 중심적 역할을 하고있는 현이다. 의료에 있어서 토호쿠지역의 핵심을 담당하고 있어, 의료환경이 좋고 안심하고 살 수 있을 것이다. 관혼상제 등 이웃과의 교제비가 별로 들지않는 것에서 도시적인 생활감이 엿보인다.

안전·안심부문			
	수치	순위	평점
형사범죄인지수	1054.5	29	5
공해고충건수	51.1	12	8
교통사고건수	456.4	10	9
화재건수	43.0	30	5
노동재해율	2.51	40	3
지방채	602,468	15	8
부채액	459	25	6
저축액	1,651	22	6
노인복지비	75.5	39	3
도움요구율	4.2	18	7
고민/스트레스	42.4	40	3
상담요구율	6.8	44	2

생활·가족부문			
	수치	순위	평점
출생률	1.25	43	2
미혼율	27.3	1	10
전입률	2.12	7	9
교제비	4.1	47	1
자가주택률	60.8	39	3
평수(다다미수)	14.57	26	5
하수도	76.7	11	8
생활보호	9.1	23	6
보육소정원	17.0	45	2

의료·건강부문			
	수치	순위	평점
휴식시간	132	12	8
취미오락시간	179	3	10
의료비	265	13	8
병상수	1259.0	33	4
의사수	218.2	27	5
노쇠사망자수	37.2	20	7
자살사망자수	24.8	25	6
평균수명(남)	78.60	27	5
평균수명(여)	85.75	26	5

노동·기업부문			
	수치	순위	평점
이직률	30.4	16	7
노동시간	146.2	17	7
직업보유율	58.4	27	5
정사원비율	59.9	32	4
취업희망자	77.94	41	2
취업기간	13.3	36	3
완전실업률	5.8	43	2
장애인고용	1.62	35	4
결손법인	72.4	29	5
평균공임월액	14,464	7	9

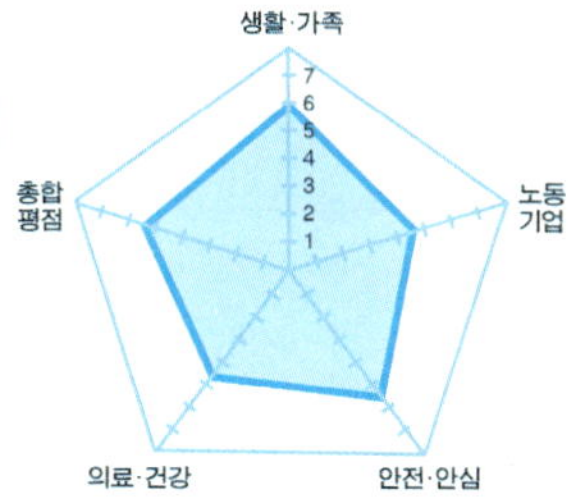

아키타현(秋田県) 37위

범죄는 적지만, 자살사망자수가 많다

종합평균평점은 5.40점으로 전국 순위는 제37위이다. 4부문 지표에서는 '생활·가족부문', '안전·안심부문'이 평균치정도에 있지만, '의료·건강부문'이 43위, '노동·기업부문'이 39위로 2부문에서 낮다.

범죄가 적고 고충건수도 적으며, 교통사고건수도 적어 안심하고 살 수 있는 전국평균적인 현이라고 생각된다. 반면 자살사망자가 많은 것이 염려된다. 긴 겨울은 취미나 오락을 즐기는데 유효하게 사용되고 있는 것 같다.

안전·안심부문			
	수치	순위	평점
형사범죄인지수	496.2	1	10
공해고충건수	40.2	5	10
교통사고건수	388.6	5	10
화재건수	37.8	13	8
노동재해율	1.61	21	6
지방채	1,110,716	44	2
부채액	595	38	3
저축액	1,248	37	3
노인복지비	84.5	26	5
도움요구율	4.5	26	5
고민/스트레스	41.3	28	5
상담요구율	6.3	37	3

생활·가족부문			
	수치	순위	평점
출생률	1.29	37	3
미혼율	30.6	2	10
전입률	1.20	43	2
교제비	5.3	43	2
자가주택률	78.4	1	10
평수(다다미수)	17.15	2	10
하수도	57.1	30	5
생활보호	11.6	29	5
보육소정원	47.7	11	8

의료·건강부문			
	수치	순위	평점
휴식시간	133	10	9
취미오락시간	178	4	10
의료비	312	35	4
병상수	1641.5	21	6
의사수	208.2	32	4
노쇠사망자수	36.2	24	6
자살사망자수	38.1	47	1
평균수명(남)	77.44	46	1
평균수명(여)	85.19	45	2

노동·기업부문			
	수치	순위	평점
이직률	32.6	31	4
노동시간	151.1	39	3
직업보유율	56.7	36	3
정사원비율	62.6	16	7
취업희망자	79.11	30	5
취업기간	15.5	4	10
완전실업률	5.3	38	3
장애인고용	1.58	43	2
결손법인	70.6	15	8
평균공임월액	11,331	37	3

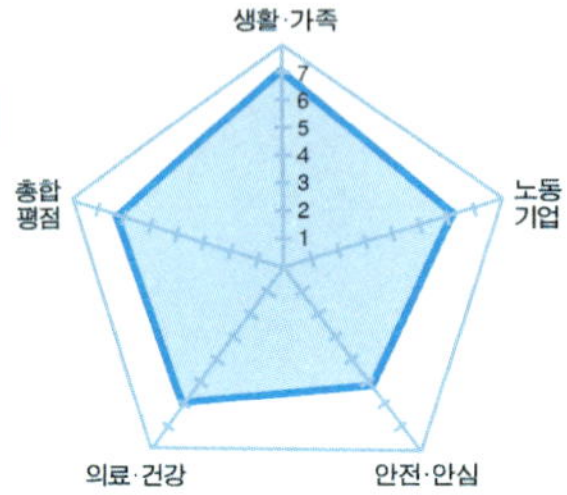

야마가타현(山形県) 19위

일하기 쉽고, 여유있는 생활

종합평균평점은 5.93점으로 전국 순위는 제19위이다. 4부문 지표에서는 '생활·가족부문'이 8위로 높지만, '안전·안심부문'은 44위로 낮다. '노동·기업부문', '의료·건강부문'은 전국평균보다 조금 높은 위치에 있다.

취로환경이 정비되어있기 때문에 일하기 좋은 현이라고 생각한다. 고민이나 스트레스를 가진 사람의 수가 적고, 휴양·휴식시간이 많아, 생활의 여유가 느껴진다. 동북 6현 중에서는 미야기현과 함께 평균수명이 남녀모두 비교적 높은 바, 노인이 잘 부양받고 있지않은가 추측된다.

안전·안심부문			
	수치	순위	평점
형사범죄인지수	611.5	3	10
공해고충건수	135.2	46	1
교통사고건수	644.2	35	4
화재건수	39.7	20	7
노동재해율	1.87	27	5
지방채	927,654	34	4
부채액	615	41	2
저축액	1,206	41	2
노인복지비	79.1	33	4
도움요구율	4.2	18	7
고민/스트레스	39.9	18	7
상담요구율	5.5	11	8

생활·가족부문			
	수치	순위	평점
출생률	1.39	23	6
미혼율	31.3	3	10
전입률	1.19	44	2
교제비	6.1	38	3
자가주택률	75.5	4	10
평수(다다미수)	15.36	16	7
하수도	71.4	15	8
생활보호	4.5	6	9
보육소정원	45.0	15	8

의료·건강부문			
	수치	순위	평점
휴식시간	139	3	10
취미오락시간	159	29	5
의료비	283	24	6
병상수	1387.1	29	5
의사수	210.4	31	4
노쇠사망자수	50.4	7	9
자살사망자수	27.4	36	3
평균수명(남)	78.54	28	5
평균수명(여)	85.72	27	5

노동·기업부문			
	수치	순위	평점
이직률	30.9	22	6
노동시간	148.3	23	6
직업보유율	59.3	22	6
정사원비율	63.5	10	9
취업희망자	80.71	6	9
취업기간	15.9	1	10
완전실업률	4.6	20	7
장애인고용	1.58	43	2
결손법인	72.0	26	5
평균공임월액	9,864	46	1

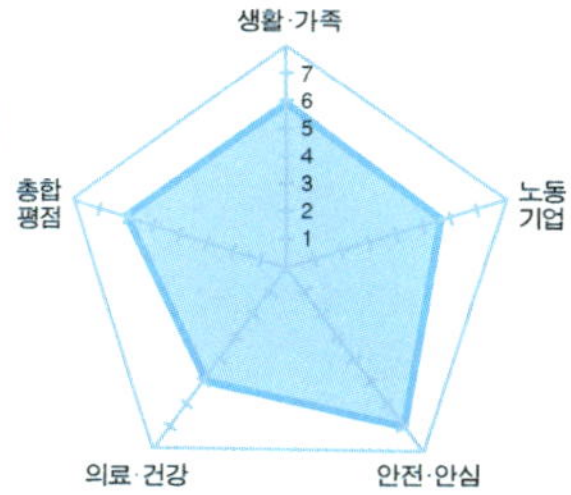

후쿠시마현(福島県) 27위

미혼율·이직률이 적고, 안장된 생활

종합평균평점은 5.73점으로 전국 순위는 제27위이다. 4부문 지표에서는 '안전·안심부문'이 3위로 가장 양호하지만, '의료·건강부문'은 43위로 낮은 위치에 있다. '생활·가족부문', '노동·기업부문'은 거의 평균이다.

미혼율이 적어 아이를 낳기 좋은 환경이다. 이직률이 낮아 안정된 가정을 구축하고 있는 것으로 생각된다. 가정에는 차금액이 평균적으로 적어 금전적인 고민이나 스트레스가 적다고 생각된다.

안전·안심부문			
	수치	순위	평점
형사범죄인지수	955.9	22	6
공해고충건수	28.2	1	10
교통사고건수	553.4	23	6
화재건수	42.7	29	5
노동재해율	1.64	23	6
지방채	581,779	13	8
부채액	368	9	9
저축액	1,440	28	5
노인복지비	79.0	34	4
도움요구율	4.3	23	6
고민/스트레스	38.9	9	9
상담요구율	5.8	18	7

생활·가족부문			
	수치	순위	평점
출생률	1.49	9	9
미혼율	33.0	18	7
전입률	1.30	39	3
교제비	7.1	17	7
자가주택률	68.8	23	6
평수(다다미수)	14.66	25	6
하수도	48.1	38	3
생활보호	7.5	18	7
보육소정원	21.2	37	3

의료·건강부문			
	수치	순위	평점
휴식시간	128	20	7
취미오락시간	158	33	4
의료비	278	20	7
병상수	1546.2	25	6
의사수	190.3	39	3
노쇠사망자수	39.6	14	8
자살사망자수	29.1	40	3
평균수명(남)	77.97	41	2
평균수명(여)	85.45	39	3

노동·기업부문			
	수치	순위	평점
이직률	30.0	13	8
노동시간	150.1	36	3
직업보유율	59.4	20	7
정사원비율	61.4	21	6
취업희망자	80.30	14	8
취업기간	15.2	7	9
완전실업률	5.1	32	4
장애인고용	1.61	39	3
결손법인	73.6	38	3
평균공임월액	10,977	39	3

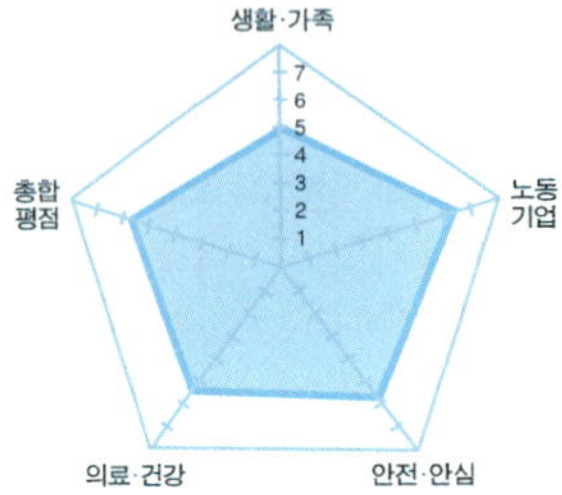

이바라키현(茨城県) 30위

노동조건이 좋아 일하기 쉽다

종합평균평점은 5.68점으로 전국 순위는 제30위이다. 4부문 지표에서는 '노동·기업부문'이 15위로 비교적 높고, '안전·안심부문'은 21위로 중간정도, '생활·가족부문', '의료·건강부문'은 33위, 34위에 위치하고 있다.

수도권에서 가깝고, 노동조건이 상위에 링크되어 있다. 노동재해가 적은 것은 우량기업이 많아서가 아닌가 추측된다. 취로환경이 좋아서 생활에 있어 안심하고 살 수 있다고 생각된다. 의료비가 적은 것은 건강한 사람이 많기 때문일 것이다.

안전·안심부문			
	수치	순위	평점
형사범죄인지수	1394.6	39	3
공해고충건수	119.5	45	2
교통사고건수	563.0	25	6
화재건수	46.4	40	3
노동재해율	1.14	4	10
지방채	592,276	14	8
부채액	459	25	6
저축액	1,735	18	7
노인복지비	73.0	41	2
도움요구율	3.7	8	9
고민/스트레스	37.8	2	10
상담요구율	6.0	27	5

생활·가족부문			
	수치	순위	평점
출생률	1.37	26	5
미혼율	41.4	46	1
전입률	1.78	19	7
교제비	6.0	39	3
자가주택률	70.7	15	8
평수(다다미수)	13.93	35	4
하수도	56.1	32	4
생활보호	5.9	10	9
보육소정원	34.5	26	5

의료·건강부문			
	수치	순위	평점
휴식시간	130	17	7
취미오락시간	172	7	9
의료비	238	4	10
병상수	1207.9	39	3
의사수	162.1	46	1
노쇠사망자수	36.6	22	6
자살사망자수	25.0	27	5
평균수명(남)	78.35	30	5
평균수명(여)	85.26	43	2

노동·기업부문			
	수치	순위	평점
이직률	29.2	9	9
노동시간	143.5	10	9
직업보유율	60.8	14	8
정사원비율	61.1	24	6
취업희망자	80.36	12	8
취업기간	14.3	24	6
완전실업률	5.0	31	4
장애인고용	1.60	40	3
결손법인	70.9	18	7
평균공임월액	10,066	45	2

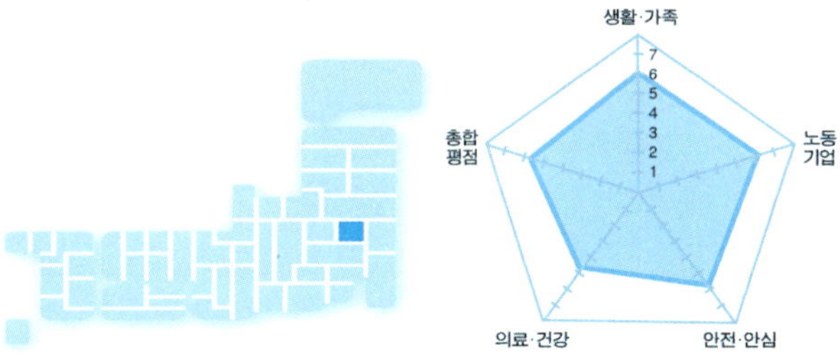

도치기현(栃木県) 26위

재정적으로 풍요하여 생활이 안정

종합평균평점은 5.75점으로 전국 순위는 제26위이다. 4부문 지표에서는 '노동·기업부문'은 15위, '생활·가족부문'이 16위, '안전·안심부문'이 22위로 평균이상이지만, '의료·건강부문'은 45위로 낮다.

재정적으로 풍족한 현이다. 지역주민의 저축액이 높아, 안정된 생활이 엿보인다. 한편 장애인과 노인에 대해서는 심도 깊은 보호가 요망된다. 계속하여 일할 수 있는 환경이어서 실업자수가 적다.

안전·안심부문			
	수치	순위	평점
형사범죄인지수	1172.0	34	4
공해고충건수	88.0	40	3
교통사고건수	535.0	20	7
화재건수	46.3	39	3
노동재해율	1.02	2	10
지방채	494,126	7	9
부채액	614	40	3
저축액	2,043	7	9
노인복지비	69.2	43	2
도움요구율	3.4	6	9
고민/스트레스	39.0	11	8
상담요구율	6.3	37	3

생활·가족부문			
	수치	순위	평점
출생률	1.43	15	8
미혼율	35.4	35	4
전입률	1.79	18	7
교제비	8.5	3	10
자가주택률	68.6	24	6
평수(다다미수)	14.09	33	4
하수도	60.0	26	5
생활보호	7.1	15	8
보육소정원	27.4	33	4

의료·건강부문			
	수치	순위	평점
휴식시간	126	25	5
취미오락시간	161	22	6
의료비	256	9	9
병상수	1240.6	34	4
의사수	211.1	30	5
노쇠사망자수	36.5	23	6
자살사망자수	27.8	37	3
평균수명(남)	78.01	40	3
평균수명(여)	85.03	46	1

노동·기업부문			
	수치	순위	평점
이직률	28.7	7	9
노동시간	148.6	25	6
직업보유율	62.0	8	9
정사원비율	60.5	26	5
취업희망자	80.80	3	10
취업기간	14.4	21	6
완전실업률	4.7	22	6
장애인고용	1.58	43	2
결손법인	74.4	42	2
평균공임월액	13,280	20	7

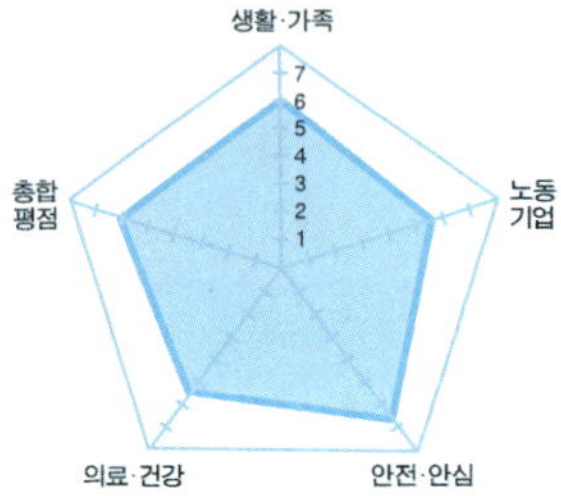

군마현(群馬県) 25위

행복도가 전국 평균

종합평균평점은 5.80점으로 전국 순위는 제25위이다. 4부문 지표에서는 '안전·안심부문'이 9위로 가장 양호하다. 다른 지표는 '생활·가족부문'이 21위, '노동·기업부문'이 29위, '의료·건강부문'이 34위로 거의 중앙에 위치하고 있다.

현은 차금이 적어 풍요한 재정이다. 지역주민은 저축이 많아, 가계에 여유가 있는 것 같다. 수도권에 인접하여 신칸센과 고속도로 등 교통편이 좋은 현이다. 행복도가 전국평균이라고 말할 수 있을 것이다.

안전·안심부문			
	수치	순위	평점
형사범죄인지수	1110.0	31	4
공해고충건수	73.6	30	5
교통사고건수	953.0	45	1
화재건수	41.9	26	5
노동재해율	1.44	12	8
지방채	487,928	6	9
부채액	365	8	9
저축액	2,033	8	9
노인복지비	81.5	30	5
도움요구율	4.2	18	7
고민/스트레스	40.1	19	7
상담요구율	5.9	21	6

생활·가족부문			
	수치	순위	평점
출생률	1.38	25	6
미혼율	34.7	32	4
전입률	1.46	32	4
교제비	7.4	15	8
자가주택률	70.7	15	8
평수(다다미수)	14.51	28	5
하수도	48.3	37	3
생활보호	4.5	6	9
보육소정원	41.3	18	7

의료·건강부문			
	수치	순위	평점
휴식시간	127	21	6
취미오락시간	167	11	8
의료비	265	13	8
병상수	1366.2	30	5
의사수	208.1	33	4
노쇠사망자수	31.6	31	4
자살사망자수	27.3	35	4
평균수명(남)	78.78	22	6
평균수명(여)	85.47	38	3

노동·기업부문			
	수치	순위	평점
이직률	30.4	16	7
노동시간	147.0	19	7
직업보유율	60.4	16	7
정사원비율	60.0	31	4
취업희망자	80.21	17	7
취업기간	14.2	25	6
완전실업률	4.8	25	6
장애인고용	1.62	35	4
결손법인	75.5	45	2
평균공임월액	12,219	29	5

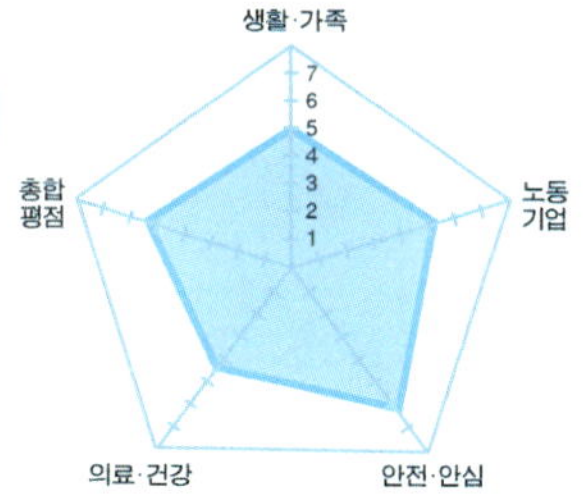

사이타마현(埼玉県) 44위

안전하게 살 수 있지만, 의료환경 개선을

종합평균평점은 5.08점으로 전국 순위는 제44위이다. 4부문 지표에서는 '안전·안심부문'이 14위로 높지만, '노동·기업부문'이 37위, '생활·가족부문'이 41위, '의료·건강부문'이 47위로 낮다.

젊은이가 많아서 취로기간이 짧고, 전입자가 많은 것 같다. 노동환경이 좋지 않다고 하는 수치가 나오지만, 젊은이유형의 취로특징이 아닐까 생각된다. 젊은이가 중심이 되어 활약하고 있는 주민성이 엿보인다. 고민이나 스트레스가 별로 느껴지지 않고, 생기발랄함이 느껴진다. 의료환경에도 개선이 필요하다.

안전·안심부문			
	수치	순위	평점
형사범죄인지수	1479.7	41	2
공해고충건수	70.3	26	5
교통사고건수	542.6	22	6
화재건수	37.5	11	8
노동재해율	2.23	35	4
지방채	433,716	3	10
부채액	538	36	3
저축액	2,185	3	10
노인복지비	62.1	46	1
도움요구율	3.1	2	10
고민/스트레스	40.5	21	6
상담요구율	5.5	11	8

생활·가족부문			
	수치	순위	평점
출생률	1.28	39	3
미혼율	36.9	41	2
전입률	2.39	4	10
교제비	5.3	43	2
자가주택률	65.3	32	4
평수(다다미수)	12.73	44	2
하수도	76.1	12	8
생활보호	8.0	19	7
보육소정원	21.4	36	3

의료·건강부문			
	수치	순위	평점
휴식시간	126	25	5
취미오락시간	158	33	4
의료비	213	1	10
병상수	942.0	46	1
의사수	146.1	47	1
노쇠사망자수	20.1	43	2
자살사망자수	24.4	22	6
평균수명(남)	79.05	14	8
평균수명(여)	85.29	42	2

노동·기업부문			
	수치	순위	평점
이직률	30.4	16	7
노동시간	139.5	4	10
직업보유율	61.0	13	8
정사원비율	59.3	36	3
취업희망자	78.11	38	3
취업기간	12.7	42	2
완전실업률	5.4	39	3
장애인고용	1.59	42	2
결손법인	71.0	19	7
평균공임월액	12,001	30	5

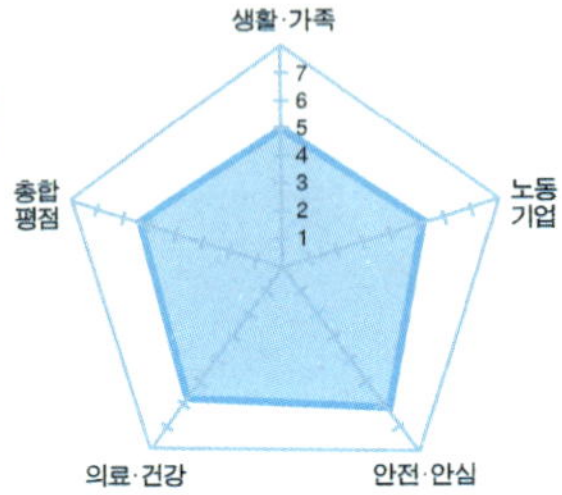

치바현(千県葉) 33위

밝은 주민성, 노동환경이 과제

종합평균평점은 5.53점으로 전국 순위는 제33위이다. 4부문 지표에서는 '안전·안심부문'이 17위로 높고, '의료·건강부문'이 28위, '생활·가족부문'이 32위, '노동·기업부문'이 35위로 낮다.

젊은이의 유입이 특히 많고, 직장을 전전하는 수도권형태의 상황이 느껴진다. 현의 부채가 적어서 재정적으로 풍족한 현이다. 젊은이가 많아 활성화되어 있다. 노동조건은 별로 좋은 상황이 아니지만, 아픈 사람이 적어 의료비의 부담이 적은 편이다. 밝은 주민성이 엿보인다.

안전·안심부문			
	수치	순위	평점
형사범죄인지수	1491.5	42	2
공해고충건수	76.3	34	4
교통사고건수	428.4	6	9
화재건수	36.7	10	9
노동재해율	2.02	33	4
지방채	393,302	2	10
부채액	622	42	2
저축액	1,870	14	8
노인복지비	61.3	47	1
도움요구율	3.1	2	10
고민/스트레스	39.4	15	8
상담요구율	6.0	27	5

생활·가족부문			
	수치	순위	평점
출생률	1.31	35	4
미혼율	35.8	37	3
전입률	2.76	2	10
교제비	7.0	18	7
자가주택률	64.4	34	4
평수(다다미수)	13.31	42	2
하수도	68.2	19	7
생활보호	8.7	20	7
보육소정원	20.0	40	3

의료·건강부문			
	수치	순위	평점
휴식시간	136	5	10
취미오락시간	158	33	4
의료비	225	2	10
병상수	980.5	45	2
의사수	167.1	45	2
노쇠사망자수	27.5	38	3
자살사망자수	21.9	9	9
평균수명(남)	78.95	18	7
평균수명(여)	85.49	36	3

노동·기업부문			
	수치	순위	평점
이직률	31.2	23	6
노동시간	140.3	6	9
직업보유율	60.3	17	7
정사원비율	57.9	43	2
취업희망자	78.81	32	4
취업기간	13.1	37	3
완전실업률	4.8	25	6
장애인고용	1.60	40	3
결손법인	71.1	21	6
평균공임월액	12,673	24	6

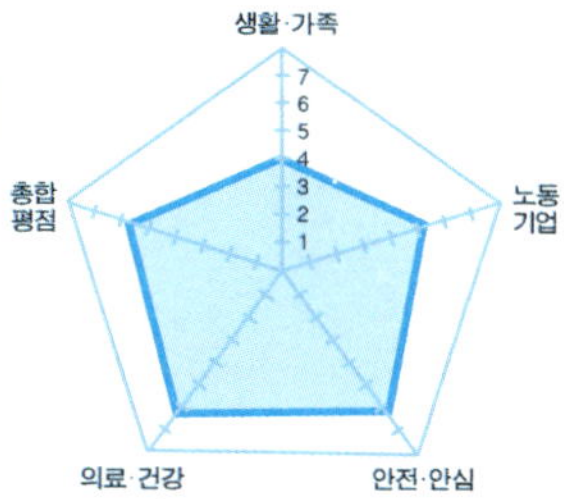

도쿄도(東京都) 38위

일우선의 생활, 가정을 소중히

종합평균평점은 5.38점으로 전국 순위는 제38위이다. 4부문 지표에서는 '안전·안심부문'이 14위, '의료·건강부문'이 22위로 높고, '노동·기업부문'이 32위, '생활·가족부문'이 46위로 낮다.

타현으로부터 직장을 찾아 전입하는 젊은이가 많은 것 같다. 단기간에 일을 그만두고, 조건이 좋은 직장으로 전직을 반복하는 사람이 많은 상황이다. 반면 이직률은 낮아 전국에서도 넘버원이다. 결혼을 하지 않은 여성이나 아이를 낳지 않는 여성이 많은 것은 가정에서 삶의 보람을 구하지 않고, 일을 우선으로 생각하는 사람이 많아졌기 때문은 아닌지 추측된다.

안전·안심부문	수치	순위	평점
형사범죄인지수	1506.3	43	2
공해고충건수	57.1	17	7
교통사고건수	438.0	8	9
화재건수	45.1	36	3
노동재해율	1.51	14	8
지방채	469,833	5	10
부채액	711	46	1
저축액	2,142	4	10
노인복지비	87.2	18	7
도움요구율	4.0	13	8
고민/스트레스	42.8	42	2
상담요구율	5.9	21	6

생활·가족부문	수치	순위	평점
출생률	1.12	47	1
미혼율	39.2	45	2
전입률	3.39	1	10
교제비	6.3	34	4
자가주택률	44.6	47	1
평수(다다미수)	12.51	46	1
하수도	99.2	1	10
생활보호	16.2	39	3
보육소정원	34.3	27	5

의료·건강부문	수치	순위	평점
휴식시간	126	25	5
취미오락시간	157	37	3
의료비	279	22	7
병상수	1041.8	43	2
의사수	296.6	2	10
노쇠사망자수	24.1	42	2
자살사망자수	22.7	13	8
평균수명(남)	79.36	5	10
평균수명(여)	85.70	28	5

노동·기업부문	수치	순위	평점
이직률	27.8	1	10
노동시간	145.2	16	7
직업보유율	63.5	3	10
정사원비율	58.6	41	2
취업희망자	75.79	46	1
취업기간	12.2	45	2
완전실업률	5.5	41	2
장애인고용	1.63	33	4
결손법인	71.7	23	6
평균공임월액	13,950	9	9

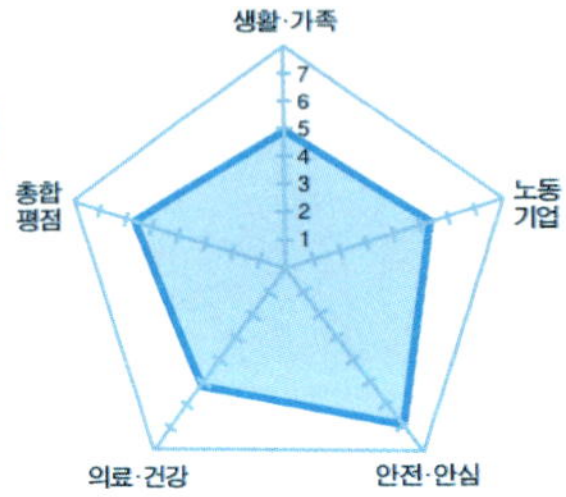

카나가와현(神奈川県) 33위

풍요한 삶이지만, 개선점도 많다

종합평균평점은 5.53점으로 전국 순위는 제33위이다. 4부문 지표에서는 '안전·안심부문'이 3위로 높지만, '노동·기업부문'이 35위, '생활·가족부문'이 40위, '의료·건강부문'이 40위로 낮다.

화재발생건수가 적어 안심하고 생활할 수 있다. 또 공해고충건수가 적는 바, 불평불만을 별로 하지 않는 것으로 생각된다. 비교적 안심하고 거주할 수 있는 현이다. 현의 부채가 적고, 개인저축액은 높아 풍요한 생활이 상상된다. 고령자가 건강하여 1인당 의료비 부담이 적다. 남성의 평균수명이 긴 것은 식생활이 충실한 것에 기인한다고 생각된다.

안전·안심부문			
	수치	순위	평점
형사범죄인지수	1036.4	26	5
공해고충건수	33.4	2	10
교통사고건수	481.0	13	8
화재건수	29.5	4	10
노동재해율	1.57	18	7
지방채	350,831	1	10
부채액	539	37	3
저축액	1,923	11	8
노인복지비	63.2	45	2
도움요구율	3.1	2	10
고민/스트레스	42.2	36	3
상담요구율	6.1	30	5

생활·가족부문			
	수치	순위	평점
출생률	1.28	39	3
미혼율	37.4	42	2
전입률	2.66	3	10
교제비	8.2	6	9
자가주택률	57.2	42	2
평수(다다미수)	12.56	45	2
하수도	95.6	2	10
생활보호	12.4	33	4
보육소정원	7.5	47	1

의료·건강부문			
	수치	순위	평점
휴식시간	119	41	2
취미오락시간	138	47	1
의료비	232	3	10
병상수	870.7	47	1
의사수	188.3	40	3
노쇠사망자수	24.9	41	2
자살사망자수	21.6	7	9
평균수명(남)	79.52	3	10
평균수명(여)	86.03	18	7

노동·기업부문			
	수치	순위	평점
이직률	30.2	14	8
노동시간	138.9	3	10
직업보유율	61.6	10	9
정사원비율	60.2	29	5
취업희망자	77.56	42	2
취업기간	12.2	45	2
완전실업률	4.9	29	5
장애인고용	1.62	35	4
결손법인	74.1	41	2
평균공임월액	12,551	26	5

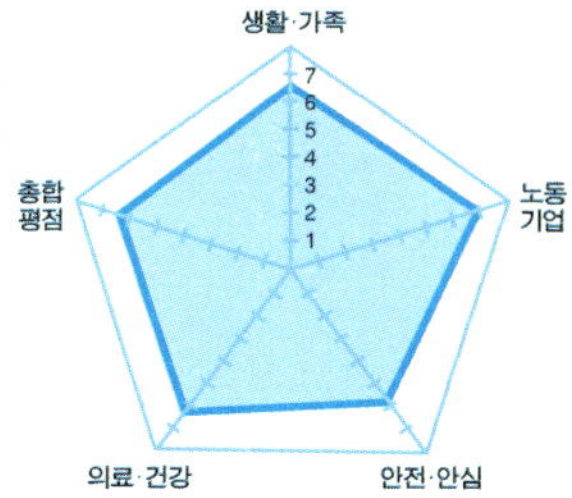

니가타현(新潟県) 10위

넓은 생활공간에서 여유있는 삶

종합평균평점은 6.18점으로 전국 순위는 제10위이다. 4부문 지표에서는 '노동·기업부문'이 10위, '생활·가족부문'이 13위, '의료·건강부문'이 15위로 양호하고, '안전·안심부문'이 28위로 낮은 편이다.

타현으로부터의 전입자가 적어 지역에서 계속하여 거주해 온 전통적 주민성이 엿보인다. 범죄나 공해고충이 적어, 살기 좋고 풍요하다. 한편 장애인고용이 낮은 것이 염려된다. 넓은 생활공간 속에서 생활시간에 여유가 있고, 취미나 오락을 즐기며 느긋하게 생활하는 모습이 엿보인다.

안전·안심부문			
	수치	순위	평점
형사범죄인지수	894.7	17	7
공해고충건수	55.5	14	8
교통사고건수	445.3	9	9
화재건수	31.0	5	10
노동재해율	1.93	29	5
지방채	1,126,740	45	2
부채액	496	31	4
저축액	1,353	33	4
노인복지비	81.5	30	5
도움요구율	4.5	26	5
고민/스트레스	42.2	36	3
상담요구율	6.1	30	5

생활·가족부문			
	수치	순위	평점
출생률	1.37	26	5
미혼율	33.5	23	6
전입률	1.02	46	1
교제비	6.9	24	6
자가주택률	73.9	5	10
평수(다다미수)	16.06	9	9
하수도	66.0	21	6
생활보호	6.0	12	8
보육소정원	46.3	13	8

의료·건강부문			
	수치	순위	평점
휴식시간	136	5	10
취미오락시간	165	16	7
의료비	268	16	7
병상수	1308.1	31	4
의사수	187.5	41	2
노쇠사망자수	42.2	11	8
자살사망자수	30.0	42	2
평균수명(남)	78.75	23	6
평균수명(여)	86.27	8	9

노동·기업부문			
	수치	순위	평점
이직률	30.6	19	7
노동시간	149.6	31	4
직업보유율	60.0	19	7
정사원비율	64.7	2	10
취업희망자	80.45	10	9
취업기간	15.0	11	8
완전실업률	4.5	18	7
장애인고용	1.57	46	1
결손법인	69.5	9	9
평균공임월액	11,852	31	4

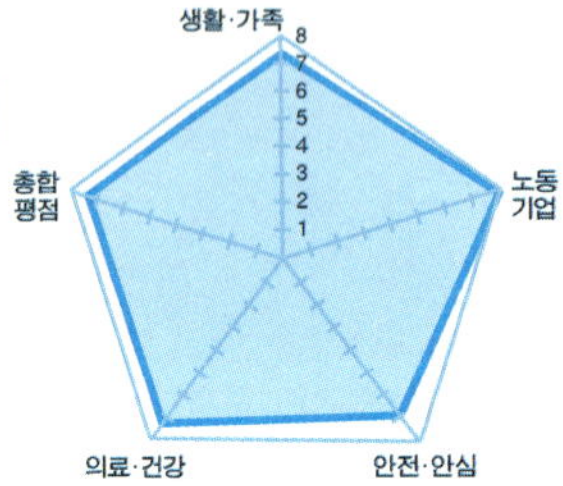

토야마현(富山県) 2위

부문간 밸런스는 일본 최고

종합평균평점은 7.20점으로 전국 순위는 제2위이다. 4부문 지표에서는 '노동·기업부문'이 3위, '안전·안심부문'도 3위, '의료·건강부문'이 4위, '생활·가족부문'이 5위이다. 4부문이 전부 높고, 그 결과 전국종합 2위가 되었다.

바다와 산이 있어 자연환경의 혜택을 받고 있다. 오락을 즐기고, 생활에 여유가 느껴진다. 범죄, 화재, 교통사고건수가 적어 안심하고 생활할 수 있다. 타현으로부터의 전입자가 적은 것은 지역성의 연대가 강하고, 새로운 사람과의 교류가 적어서가 아닌지 염려된다.

안전·안심부문			
	수치	순위	평점
형사범죄인지수	703.6	6	9
공해고충건수	35.8	4	10
교통사고건수	534.2	18	7
화재건수	20.2	1	10
노동재해율	1.62	22	6
지방채	944,638	36	3
부채액	437	20	7
저축액	1,701	20	7
노인복지비	91.7	11	9
도움요구율	4.1	16	7
고민/스트레스	41.6	31	4
상담요구율	6.4	41	2

생활·가족부문			
	수치	순위	평점
출생률	1.37	26	5
미혼율	31.7	8	9
전입률	1.21	42	2
교제비	5.8	40	3
자가주택률	77.5	2	10
평수(다다미수)	17.62	1	10
하수도	78.6	8	9
생활보호	2.4	1	10
보육소정원	47.1	12	8

의료·건강부문			
	수치	순위	평점
휴식시간	125	32	4
취미오락시간	169	10	9
의료비	278	20	7
병상수	1749.1	15	8
의사수	240.0	19	7
노쇠사망자수	38.8	15	8
자살사망자수	27.1	34	4
평균수명(남)	79.07	12	8
평균수명(여)	86.32	7	9

노동·기업부문			
	수치	순위	평점
이직률	28.5	6	9
노동시간	148.9	28	5
직업보유율	62.4	6	9
정사원비율	66.4	1	10
취업희망자	80.50	9	9
취업기간	14.6	17	7
완전실업률	3.9	4	10
장애인고용	1.68	28	5
결손법인	69.0	6	9
평균공임월액	11,577	32	4

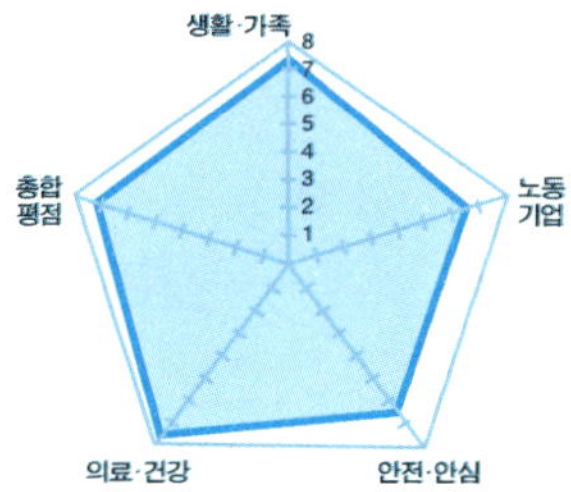

이시가와현(石川県) 3위

전체가 높아 베스트3에 랭크

종합평균평점은 6.90점으로 전국 순위는 제3위이다. 4부문 지표에서는 '의료·건강부문'이 2위이다. '생활·가족부문'이 5위, '노동·기업부문'이 9위, '안전·안심부문'이 9위로 4부문이 베스트10 안에 들어있다.

실업자가 적고, 정사원비율이 높으며, 어린이, 약자, 영유아에 대한 정책에 마음쓰고 있다. 남녀의 평균수명이 긴 바, 노인을 소중히 여기는게 아닌가 추측된다. 균형잡힌 살고 싶은 현이다.

안전·안심부문			
	수치	순위	평점
형사범죄인지수	712.5	7	9
공해고충건수	55.2	13	8
교통사고건수	542.5	21	6
화재건수	31.2	6	9
노동재해율	1.16	6	9
지방채	1,029,543	39	3
부채액	706	45	2
저축액	1,759	17	7
노인복지비	92.5	10	9
도움요구율	5.6	39	3
고민/스트레스	38.9	9	9
상담요구율	6.9	45	2

생활·가족부문			
	수치	순위	평점
출생률	1.40	21	6
미혼율	33.9	26	5
전입률	1.53	29	5
교제비	7.0	18	7
자가주택률	69.1	21	6
평수(다다미수)	17.07	3	10
하수도	77.6	10	9
생활보호	4.7	8	9
보육소정원	54.0	6	9

의료·건강부문			
	수치	순위	평점
휴식시간	123	36	3
취미오락시간	173	6	9
의료비	302	27	5
병상수	1796.4	14	8
의사수	259.2	11	8
노쇠사망자수	37.7	17	7
자살사망자수	22.0	10	9
평균수명(남)	79.26	8	9
평균수명(여)	86.46	6	9

노동·기업부문			
	수치	순위	평점
이직률	29.8	12	8
노동시간	147.1	20	7
직업보유율	62.2	7	9
정사원비율	63.7	8	9
취업희망자	79.68	24	6
취업기간	14.1	27	5
완전실업률	4.3	12	8
장애인고용	1.62	35	4
결손법인	73.8	40	3
평균공임월액	13,873	11	8

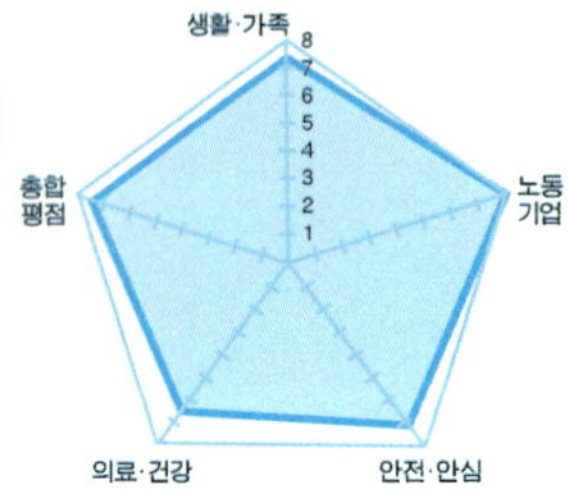

후쿠이현(福井県) 1위

일본 최고의 행복한 지역주민

종합평균평점은 7.23점으로 전국 순위는 제1위이다. 4부문 지표에서는 '노동·기업부문'이 1위, '안전·안심부문'이 1위, '생활·가족부문'이 3위이다. 4부문에서 비교를 하면 '의료·건강부문'이 9위로 낮은 편이다.

미혼율이 낮고, 출생률이 높아 행복한 가정상이 보여진다. 복리후생이 충실하고 거주하기 좋은 환경이다. 범죄, 화재, 사고가 적어 안심하고 생활할 수 있다. 다만 지방채가 많은 것이 염려된다. 노동시간이 길고 휴양시간이 짧아서, 열심히 일하는 주민성이 보여진다. 저축이 많고 부채가 적은 바, 성실한 주민성이 엿보인다. 타현으로부터의 유입이 적기 때문에 전통문화가 지켜지고 있다.

안전·안심부문			
	수치	순위	평점
형사범죄인지수	751.8	11	8
공해고충건수	70.4	27	5
교통사고건수	463.0	12	8
화재건수	27.0	3	10
노동재해율	1.54	15	8
지방채	1,032,770	40	3
부채액	342	7	9
저축액	2,048	6	9
노인복지비	86.5	20	7
도움요구율	6.6	42	2
고민/스트레스	38.1	5	10
상담요구율	6.2	34	4

생활·가족부문			
	수치	순위	평점
출생률	1.55	5	10
미혼율	32.8	15	8
전입률	1.14	45	2
교제비	5.7	42	2
자가주택률	77.4	3	10
평수(다다미수)	15.37	15	8
하수도	70.5	17	7
생활보호	3.0	2	10
보육소정원	69.7	1	10

의료·건강부문			
	수치	순위	평점
휴식시간	119	41	2
취미오락시간	166	14	8
의료비	282	23	6
병상수	1642.7	19	7
의사수	228.0	23	6
노쇠사망자수	31.5	32	4
자살사망자수	23.9	20	7
평균수명(남)	79.47	4	10
평균수명(여)	86.25	11	8

노동·기업부문			
	수치	순위	평점
이직률	28.1	3	10
노동시간	152.5	42	2
직업보유율	62.6	5	10
정사원비율	64.5	3	10
취업희망자	79.86	22	6
취업기간	14.6	17	7
완전실업률	3.3	2	10
장애인고용	2.25	2	10
결손법인	71.7	23	6
평균공임월액	16,621	1	10

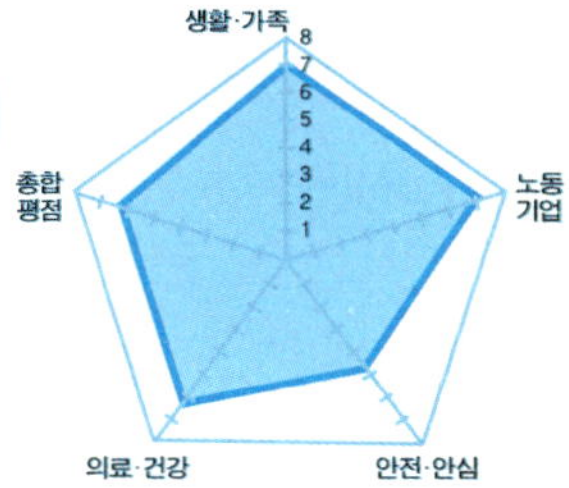

야마나시현(山梨県) 14위

일하기 좋고 의료가 충실

종합평균평점은 6.05점으로 전국 순위는 제14위이다. 4부문 지표에서는 '노동·기업부문'이 6위, '생활·가족부문'이 9위, '의료·건강부문'이 12위로 높다. '안전·안심부문'만이 낮아 47위로 최하위이다.

영유아와 생활보호자에 대한 복지가 충실하다. 실업자가 적고, 직업보유율이 높음에도 불구하고 정사원비율이 낮은 것은 겸업으로 일을 하고 있는 사람들이 많기 때문이 아닐까 추측된다. 한편 공해고충건수, 교통사고, 화재건수가 많은 것이 염려된다.

안전·안심부문			
	수치	순위	평점
형사범죄인지수	915.8	19	7
공해고충건수	97.6	42	2
교통사고건수	749.0	40	3
화재건수	55.1	46	1
노동재해율	2,23	35	4
지방채	1,053,035	42	2
부채액	522	34	4
저축액	1,582	25	6
노인복지비	82,3	28	5
도움요구율	6,1	40	3
고민/스트레스	39.0	11	8
상담요구율	5.0	3	10

생활·가족부문			
	수치	순위	평점
출생률	1.31	35	4
미혼율	35.4	35	4
전입률	1.53	29	5
교제비	7.7	13	8
자가주택률	69.4	19	7
평수(다다미수)	15.21	19	7
하수도	60.1	25	6
생활보호	4.3	5	10
보육소정원	60.7	4	10

의료·건강부문			
	수치	순위	평점
휴식시간	126	25	5
취미오락시간	159	29	5
의료비	260	11	8
병상수	1392.9	28	5
의사수	211.8	29	5
노쇠사망자수	52.4	5	10
자살사망자수	26.0	31	4
평균수명(남)	78.89	21	6
평균수명(여)	86.17	12	8

노동·기업부문			
	수치	순위	평점
이직률	28.4	5	10
노동시간	149.3	29	5
직업보유율	61.5	11	8
정사원비율	58.6	41	2
취업희망자	80.78	5	10
취업기간	15.1	10	9
완전실업률	4.3	12	8
장애인고용	1.67	31	5
결손법인	72.7	31	4
평균공임월액	13,938	10	9

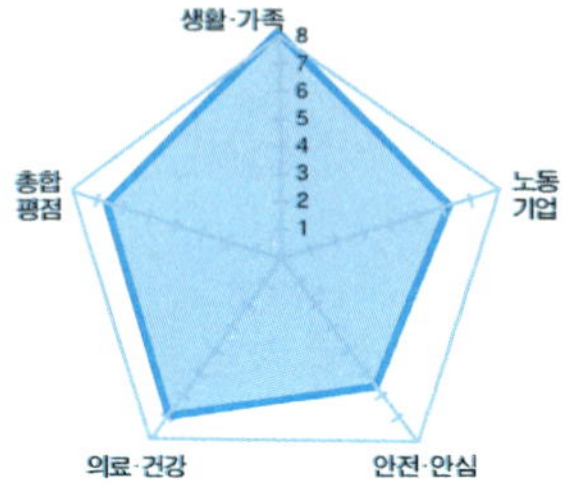

나가노현(長野県) 7위

사람과의 관계를 소중히 하는 주민성

종합평균평점은 6.48점으로 전국 순위는 제7위이다. 4부문 지표에서는 '생활·가족부문'이 1위, '의료·건강부문'이 9위로 양호하고, '노동·기업부문'은 중간 위치이다. '안전·안심부문'은 32위로 낮다.

근면하고 열심히 일하며, 지역사람들과의 관계를 소중히 하고 있는 주민성이 엿보인다. 깨끗한 공기와 풍부한 농산물의 혜택을 받고 있는 것이 남녀 공히 평균수명이 긴 것과 관련이 있을 것이다. 염려되는 것은 적자기업이 많은 것. 향후 과제의 하나이다.

안전·안심부문			
	수치	순위	평점
형사범죄인지수	850.0	14	8
공해고충건수	100.3	44	2
교통사고건수	517.4	16	7
화재건수	43.4	31	4
노동재해율	1.22	8	9
지방채	692,484	23	6
부채액	535	35	4
저축액	1,538	26	5
노인복지비	78.5	35	4
도움요구율	4.4	25	6
고민/스트레스	42.2	36	3
상담요구율	5.8	18	7

생활·가족부문			
	수치	순위	평점
출생률	1.43	15	8
미혼율	33.1	19	7
전입률	1.34	36	3
교제비	8.8	1	10
자가주택률	72.4	11	8
평수(다다미수)	16.41	5	10
하수도	78.5	9	9
생활보호	3.5	4	10
보육소정원	56.5	5	10

의료·건강부문			
	수치	순위	평점
휴식시간	126	25	5
취미오락시간	152	42	2
의료비	261	12	8
병상수	1217.7	38	3
의사수	205.0	35	4
노쇠사망자수	57.1	2	10
자살사망자수	24.7	24	6
평균수명(남)	79.84	1	10
평균수명(여)	86.48	5	10

노동·기업부문			
	수치	순위	평점
이직률	28.9	8	9
노동시간	149.6	31	4
직업보유율	63.2	4	10
정사원비율	59.8	34	4
취업희망자	79.60	26	5
취업기간	14.6	17	7
완전실업률	4.0	5	10
장애인고용	1.78	21	6
결손법인	78.2	46	1
평균공임월액	12,279	28	5

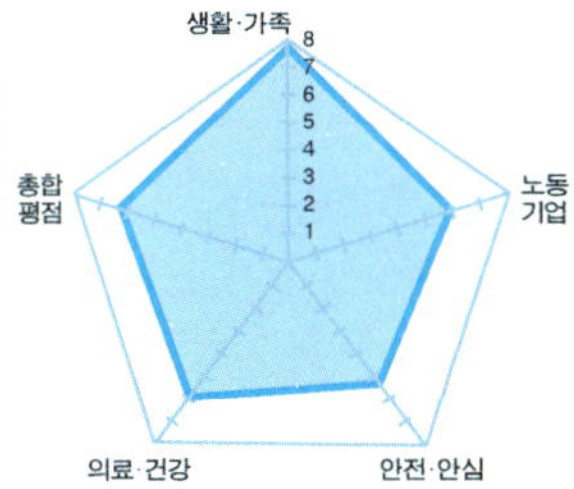

기후현(岐阜県) 13위

복리후생에 빈틈없는 생활

종합평균평점은 6.08점으로 전국 순위는 제13위이다. 4부문 지표에서는 '생활·가족부문'이 3위로 높고, 4개 부문을 비교하면 '의료·건강부문'이 양호하지만 역으로 '안전·안심부문'이 38위로 낮다.

중부권과 관서권의 교통중계지로 공장 등의 입지조건이 좋고, 실업률이 낮다. 1시간 이내에 나고야, 오사카로의 이동이 가능한 편리한 지역특성이 있다. 복리후생에 빈틈없는 풍요한 현이다.

안전·안심부문			
	수치	순위	평점
형사범죄인지수	1203.0	35	4
공해고충건수	81.3	36	3
교통사고건수	567.6	26	5
화재건수	45.2	37	3
노동재해율	1.54	15	8
지방채	668,188	20	7
부채액	424	17	7
저축액	1,915	12	8
노인복지비	79.3	32	4
도움요구율	6.7	43	2
고민/스트레스	41.1	24	6
상담요구율	5.8	18	7

생활·가족부문			
	수치	순위	평점
출생률	1.37	26	5
미혼율	33.3	20	7
전입률	1.42	34	4
교제비	7.0	18	7
자가주택률	73.9	5	10
평수(다다미수)	16.13	8	9
하수도	68.8	18	7
생활보호	3.4	3	10
보육소정원	45.6	14	8

의료·건강부문			
	수치	순위	평점
휴식시간	127	21	6
취미오락시간	165	16	7
의료비	257	10	9
병상수	1102.6	42	2
의사수	184.2	42	2
노쇠사망자수	42.0	13	8
자살사망자수	23.1	14	8
평균수명(남)	79.00	16	7
평균수명(여)	85.56	35	4

노동·기업부문			
	수치	순위	평점
이직률	19.6	11	8
노동시간	144.6	14	8
직업보유율	61.4	12	8
정사원비율	59.0	38	3
취업희망자	79.51	28	5
취업기간	13.8	32	4
완전실업률	3.4	3	10
장애인고용	1.73	23	6
결손법인	72.5	30	5
평균공임월액	10,222	44	2

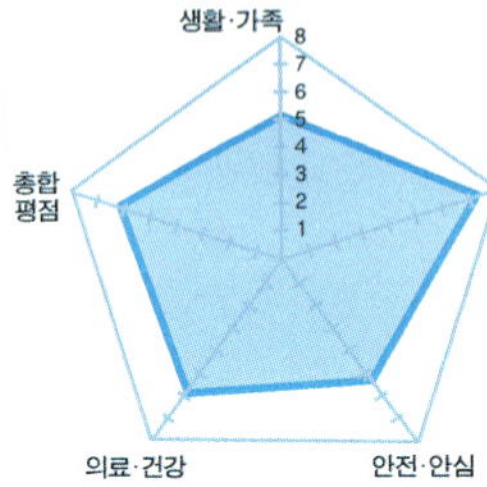

시즈오카현(静岡県) 19위

경제적으로 풍요하고 노동환경이 좋다

종합평균평점은 5.93점으로 전국 순위는 제19위이다. 4부문 지표에서는 '노동·기업부문'이 4위로 높지만, '생활·가족부문'과 '안전·안심부문'이 낮다.

바다와 산으로 둘러싸인, 자연으로부터 혜택받은 환경이다. 후지산과 이즈(伊斗) 등의 관광과 자동차, 악기산업의 혜택을 받고 있다. 경제적으로 풍요한 현이라고 말할 수 있다. 생활을 즐기는 것에 보다 시간을 들여도 좋지 않을까 생각한다. 일로부터 여유있는 생활로의 변화를 모색한다면, 부문간 밸런스가 보다 좋아질 것이다.

안전·안심부문			
	수치	순위	평점
형사범죄인지수	1044.7	27	5
공해고충건수	62.8	20	7
교통사고건수	946.2	44	2
화재건수	39.2	18	7
노동재해율	2.48	39	3
지방채	606,514	16	7
부채액	449	23	6
저축액	1,834	16	7
노인복지비	69.0	44	2
도움요구율	3.4	6	9
고민/스트레스	41.4	30	5
상담요구율	6.1	30	5

생활·가족부문			
	수치	순위	평점
출생률	1.43	15	8
미혼율	34.2	29	5
전입률	1.61	26	5
교제비	5.8	40	3
자가주택률	64.8	33	4
평수(다다미수)	14.34	30	5
하수도	57.6	29	5
생활보호	4.7	8	9
보육소정원	19.4	43	2

의료·건강부문			
	수치	순위	평점
휴식시간	116	44	2
취미오락시간	150	43	2
의료비	247	6	9
병상수	1157.1	40	3
의사수	184.0	44	2
노쇠사망자수	49.0	8	9
자살사망자수	21.7	8	9
평균수명(남)	79.35	6	9
평균수명(여)	86.06	15	8

노동·기업부문			
	수치	순위	평점
이직률	28.2	4	10
노동시간	144.5	13	8
직업보유율	63.6	2	10
정사원비율	60.3	27	5
취업희망자	80.25	15	8
취업기간	13.9	29	5
완전실업률	4.0	5	10
장애인고용	1.68	28	5
결손법인	71.9	25	6
평균공임월액	12,562	25	6

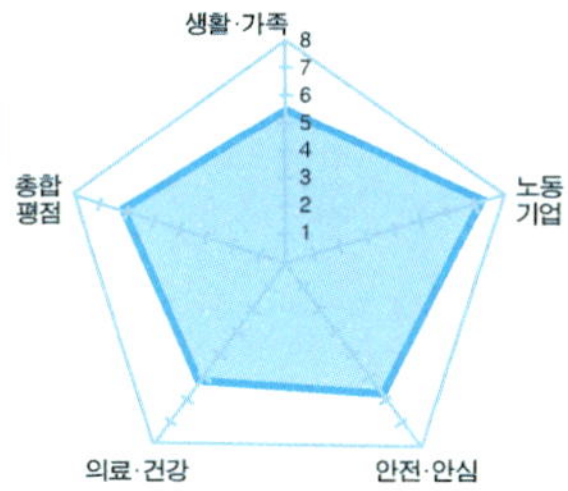

아이치현(愛知県) 21위

안심하고 일할 수 있는 경제력이 있는 현

종합평균평점은 5.90점으로 전국 순위는 제21위이다. 4부문 지표에서는 '노동·기업부문'이 5위로 높지만, '생활·가족부문'과 '의료·건강부문'이 각각 29위, 34위로 낮다.

대규모 공업지대를 포함하여 전국에서도 유수의 경제력을 가지고 있다. 지역주민이 안심하고 일할 수 있는 환경이 마련되어 있다고 생각된다. 미혼자가 많은 것이 염려되지만, 대도시에 젊은사람들이 모여들었기 때문이라고 생각된다.

안전·안심부문			
	수치	순위	평점
형사범죄인지수	1730.6	46	1
공해고충건수	86.1	38	3
교통사고건수	687.2	37	3
화재건수	44.3	33	4
노동재해율	1.14	4	10
지방채	546,721	10	9
부채액	414	16	7
저축액	2,067	5	10
노인복지비	72.8	42	2
도움요구율	3.3	5	10
고민/스트레스	39.3	13	8
상담요구율	6.5	43	2

생활·가족부문			
	수치	순위	평점
출생률	1.43	15	8
미혼율	37.7	43	2
전입률	1.81	16	7
교제비	6.7	28	5
자가주택률	57.8	41	2
평수(다다미수)	14.51	28	5
하수도	70.8	16	7
생활보호	6.2	13	8
보육소정원	26.7	34	4

의료·건강부문			
	수치	순위	평점
휴식시간	121	39	3
취미오락시간	161	22	6
의료비	247	6	9
병상수	1001.9	44	2
의사수	194.8	36	3
노쇠사망자수	28.6	35	4
자살사망자수	20.9	5	10
평균수명(남)	79.05	14	8
평균수명(여)	85.40	40	3

노동·기업부문			
	수치	순위	평점
이직률	27.9	2	10
노동시간	141.9	8	9
직업보유율	64.2	1	10
정사원비율	60.3	27	5
취업희망자	80.16	18	7
취업기간	12.9	39	3
완전실업률	4.3	12	8
장애인고용	1.63	33	4
결손법인	71.0	19	7
평균공임월액	13,835	12	8

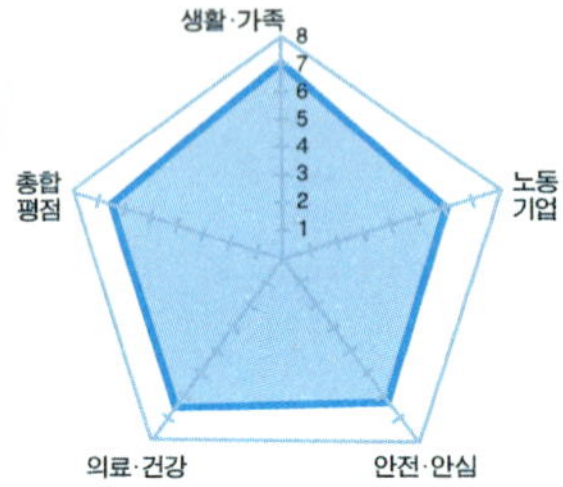

미에현(三重県) 9위

전체가 상위로서 거주하기 좋다

종합평균평점은 6.25점으로 전국 순위는 제9위이다. 4부문 지표에서는 '생활·가족부문'이 7위로 높고, '의료·건강부문'도 12위로 높은 편이다. '노동·기업부문'과 '안전·안심부문' 전국평균수준이다.

현의 재정이 풍부하고, 지역주민의 저축액이 높아 안정된 생활이 엿보인다. 도로가 잘 정비되어 있기 때문에 오사카나 나고야로부터 1시간에 이동가능하다. 공장 등의 유치가 추진되고 있다. 또한 신선한 어패류가 생산되는 어항을 갖고 있어, 이세(伊勢)·시마(志摩)의 관광이 식도락과 함께 활성화되어 있다.

안전·안심부문			
	수치	순위	평점
형사범죄인지수	1262.7	38	3
공해고충건수	87.8	39	3
교통사고건수	608.2	30	5
화재건수	46.5	41	2
노동재해율	1.36	10	9
지방채	556,687	11	8
부채액	310	2	10
저축액	2,372	1	10
노인복지비	77.1	36	3
도움요구율	4.0	13	8
고민/스트레스	40.9	23	6
상담요구율	6.4	41	2

생활·가족부문			
	수치	순위	평점
출생률	1.40	21	6
미혼율	33.6	24	6
전입률	1.78	19	7
교제비	8.0	8	9
자가주택률	73.0	7	9
평수(다다미수)	15.55	11	8
하수도	45.1	40	3
생활보호	7.2	16	7
보육소정원	50.9	10	9

의료·건강부문			
	수치	순위	평점
휴식시간	123	36	3
취미오락시간	170	8	9
의료비	253	8	9
병상수	1239.9	35	4
의사수	190.9	38	3
노쇠사망자수	54.4	4	10
자살사망자수	23.3	17	7
평균수명(남)	78.90	20	7
평균수명(여)	85.58	34	4

노동·기업부문			
	수치	순위	평점
이직률	30.2	14	8
노동시간	141.5	7	9
직업보유율	60.7	15	8
정사원비율	59.9	32	4
취업희망자	79.57	27	5
취업기간	13.9	29	5
완전실업률	4.1	8	9
장애인고용	1.50	47	1
결손법인	69.3	8	9
평균공임월액	11,342	36	3

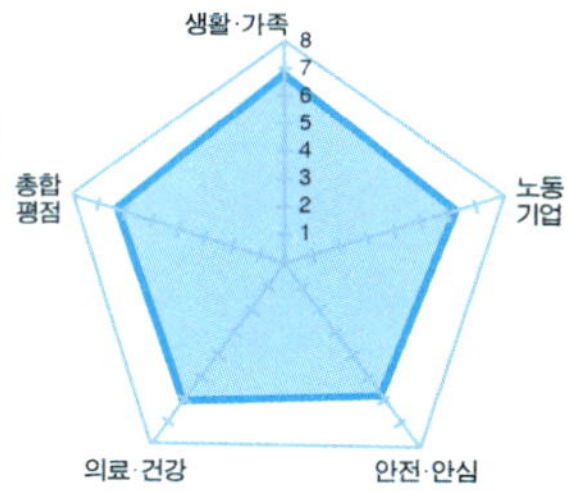

시가현(滋賀県) 11위

풍요로운 자연환경으로 생활하기 좋다

종합평균평점은 6.13점으로 전국 순위는 제11위이다. 4부문 지표에서는 '생활·가족부문'이 11위로 높고, '노동·기업부문', '의료·건강부문'도 각각 17위, 16위로 비교적 높은 편이다.

풍요로운 비와코(琵琶湖)가 있어 자연환경의 혜택을 받고 있다. 케이한지구(京阪地區. 교토와 오사카지역)에는 통근권내이다. 문화수준이 높고, 역사적으로 중요한 문화자원이 많다. 그것을 살린 관광산업이 활발하다. 자살사망자수가 적어 안심하고 생활할 수 있음을 엿볼 수 있다. 남녀 공히 평균수명이 긴 바, 노인을 소중히 보살피고 있는 것으로 생각된다.

안전·안심부문			
	수치	순위	평점
형사범죄인지수	1106.3	30	5
공해고충건수	71.0	29	5
교통사고건수	629.8	33	4
화재건수	32.9	8	9
노동재해율	1.06	3	10
지방채	673,758	21	6
부채액	442	21	6
저축액	1,733	19	7
노인복지비	77.1	36	3
도움요구율	6.5	41	2
고민/스트레스	42.0	34	4
상담요구율	5.2	6	9

생활·가족부문			
	수치	순위	평점
출생률	1.44	14	8
미혼율	36.4	38	3
전입률	2.14	6	9
교제비	6.2	36	3
자가주택률	70.4	17	7
평수(다다미수)	15.22	18	7
하수도	85.4	7	9
생활보호	5.9	10	9
보육소정원	31.2	28	5

의료·건강부문			
	수치	순위	평점
휴식시간	115	46	1
취미오락시간	161	22	6
의료비	238	4	10
병상수	1107.3	41	2
의사수	206.8	34	4
노쇠사망자수	27.6	37	3
자살사망자수	20.2	2	10
평균수명(남)	79.60	2	10
평균수명(여)	86.17	12	8

노동·기업부문			
	수치	순위	평점
이직률	29.2	9	9
노동시간	142.6	9	9
직업보유율	61.8	9	9
정사원비율	58.9	39	3
취업희망자	78.80	33	4
취업기간	12.8	41	2
완전실업률	4.4	17	7
장애인고용	1.69	26	5
결손법인	70.8	17	7
평균공임월액	13,049	23	6

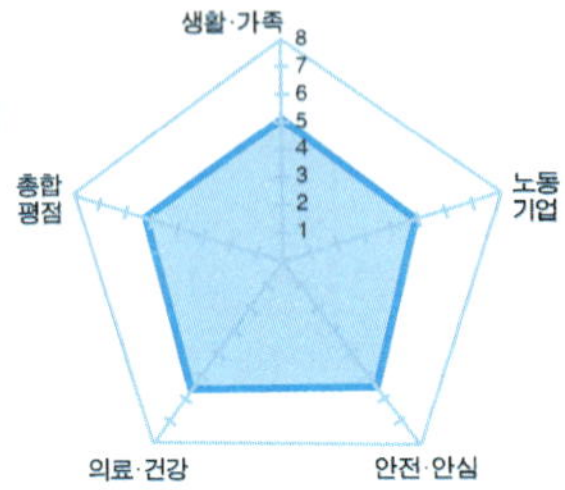

교토부(京都府) 42위

관광자원이 풍부하지만, 노동환경의 개선을

종합평균평점은 5.18점으로 전국 순위는 제42위이다. 4부문 지표에서는 '생활·가족부문'이 33위, '노동·기업부문'이 39위, '안전·안심부문'이 38위로 낮다.

역사적 지역으로 사찰, 신사 등 풍부한 관광자원의 혜택을 받고 있다. 다만 공장 등의 산업을 유치할 토지가 적다. 전입률은 높지만, 일을 찾아 타 부현으로 유출되는 인구가 많은 것이 신경쓰이는 점이다.

안전·안심부문			
	수치	순위	평점
형사범죄인지수	1609.8	45	2
공해고충건수	74.0	31	4
교통사고건수	572.4	27	5
화재건수	21.4	2	10
노동재해율	2.26	37	3
지방채	563,470	12	8
부채액	491	29	5
저축액	1,654	21	6
노인복지비	88.5	15	8
도움요구율	4.1	16	7
고민/스트레스	42.6	41	2
상담요구율	6.3	37	3

생활·가족부문			
	수치	순위	평점
출생률	1.20	45	2
미혼율	36.4	38	3
전입률	2.19	5	10
교제비	7.9	10	9
자가주택률	60.8	39	3
평수(다다미수)	13.82	37	3
하수도	90.6	5	10
생활보호	19.7	44	2
보육소정원	23.9	35	4

의료·건강부문			
	수치	순위	평점
휴식시간	114	47	1
취미오락시간	147	46	1
의료비	287	25	6
병상수	1442.6	27	5
의사수	295.0	3	10
노쇠사망자수	26.9	40	3
자살사망자수	22.1	11	8
평균수명(남)	79.34	7	9
평균수명(여)	85.92	19	7

노동·기업부문			
	수치	순위	평점
이직률	32.6	31	4
노동시간	139.8	5	10
직업보유율	58.4	27	5
정사원비율	55.9	47	1
취업희망자	76.13	45	2
취업기간	13.5	34	4
완전실업률	5.6	42	2
장애인고용	1.82	19	7
결손법인	72.3	28	5
평균공임월액	13,823	13	8

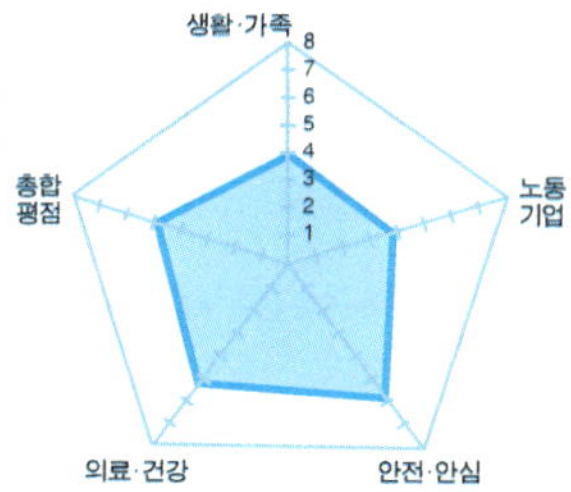

오사카부(大阪府) 47위

전체 부문에서 개선이 필요

종합평균평점은 4.75점으로 전국 순위는 제47위이다. 4부문 지표에서도 '생활·가족부문'이 44위, '노동·기업부문'이 46위, '안전·안심부문'이 32위, '의료·건강부문'이 33위로 전체가 전국평균보다 낮다.

휴양·휴식·취미·오락에 들이는 시간은 충분하다. 생활을 즐기려는 마음의 여유를 느낄 수 있다. 타 부현으로부터의 저소득자나 외국으로부터의 유입자가 많아 경제를 압박하고 있는 것은 아닐까 생각한다.

안전·안심부문			
	수치	순위	평점
형사범죄인지수	1857.8	47	1
공해고충건수	48.1	9	9
교통사고건수	587.4	28	5
화재건수	37.6	12	8
노동재해율	1.97	30	5
지방채	506,944	8	9
부채액	601	39	3
저축액	1,649	23	6
노인복지비	82,4	27	5
도움요구율	4,2	18	7
고민/스트레스	43.2	46	1
상담요구율	5.9	21	6

생활·가족부문			
	수치	순위	평점
출생률	1.28	39	3
미혼율	36.5	40	3
전입률	1.87	14	8
교제비	7.0	18	7
자가주택률	53.1	45	2
평수(다다미수)	12.85	43	2
하수도	92.5	3	10
생활보호	26.5	47	1
보육소정원	17.8	44	2

의료·건강부문			
	수치	순위	평점
휴식시간	162	1	10
취미오락시간	183	2	10
의료비	303	28	5
병상수	1282.9	32	4
의사수	257.2	14	8
노쇠사망자수	17.3	46	1
자살사망자수	24.1	21	6
평균수명(남)	78.21	36	3
평균수명(여)	85.20	44	2

노동·기업부문			
	수치	순위	평점
이직률	33.8	37	3
노동시간	144.1	11	8
직업보유율	57.0	35	4
정사원비율	56.9	45	2
취업희망자	77.19	44	2
취업기간	12.5	43	2
완전실업률	6.9	46	1
장애인고용	1.67	30	5
결손법인	67.7	3	10
평균공임월액	8,931	47	1

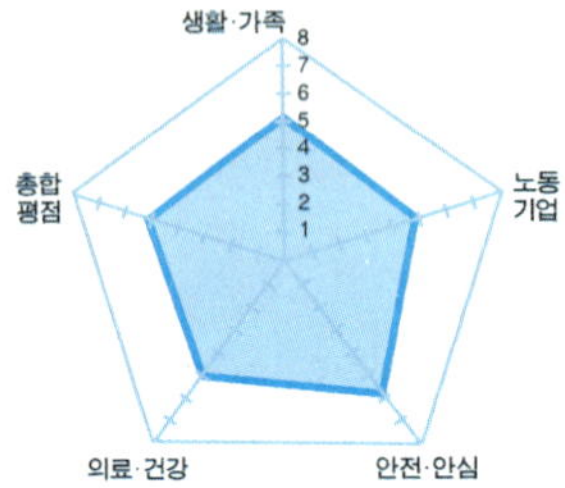

효고현(兵庫県) 45위

고민과 스트레스의 경감을

종합평균평점은 5.03점으로 전국 순위는 제45위이다. 4부문 지표에서는 '노동·기업부문'에서 43위로 낮다. 또한 나머지 3부문 지표도 30위~41위로 낮은 편이다.

나고야나 고베간의 도시, 츄고꾸산지(中國山地), 토요오카(豊岡) 등 동해연안의 3가지 특색을 가진 넓은 지역의 현이다. 수치로는 나타나지 않았지만 풍요로운 현이다. 고민이나 스트레스를 갖고 있는 사람이 많은 것은 취미나 오락을 가진 사람이 적기 때문이 아닐까 생각한다.

안전·안심부문			
	수치	순위	평점
형사범죄인지수	1446.5	40	3
공해고충건수	45.7	8	9
교통사고건수	651.3	36	3
화재건수	45.0	35	4
노동재해율	1.38	11	8
지방채	686,521	22	6
부채액	651	43	2
저축액	1,982	9	9
노인복지비	81.8	29	5
도움요구율	3.9	10	9
고민/스트레스	43.1	45	2
상담요구율	5.9	21	6

생활·가족부문			
	수치	순위	평점
출생률	1.33	34	4
미혼율	35.0	33	4
전입률	1.78	19	7
교제비	8.1	7	9
자가주택률	63.6	36	3
평수(다다미수)	14.17	31	4
하수도	91.1	4	10
생활보호	14.7	36	3
보육소정원	16.2	46	1

의료·건강부문			
	수치	순위	평점
휴식시간	126	25	5
취미오락시간	149	44	2
의료비	274	18	7
병상수	1230.4	37	3
의사수	220.4	26	5
노쇠사망자수	30.2	34	4
자살사망자수	22.5	12	8
평균수명(남)	78.72	24	6
평균수명(여)	85.62	33	4

노동·기업부문			
	수치	순위	평점
이직률	34.1	39	3
노동시간	138.5	1	10
직업보유율	56.7	36	3
정사원비율	59.1	37	3
취업희망자	77.98	40	3
취업기간	12.9	39	3
완전실업률	5.4	39	3
장애인고용	1.81	20	7
결손법인	70.0	12	8
평균공임월액	11,077	38	3

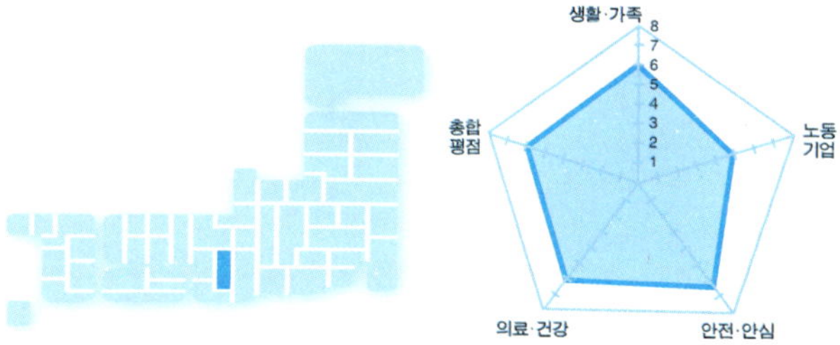

나라현(奈良県) 31위

문화재에 둘러싸인 견실한 주민성

종합평균평점은 5.65점 전국 순위는 제31이다. 4부문 지표에서는 '안전·안심부문'과 '의료·건강부문'이 17위, 18위이고, '노동·기업부문'이 39위이다.

교토와 오사카의 베드타운 경향이 있다. 타 부현으로부터의 전입자가 많아 보인다. 중요한 문화재가 있어 화재위기관리의식이 높기 때문에 화재가 적다고 생각된다. 저축액이 높아 견실한 주민성이 엿보인다.

안전·안심부문			
	수치	순위	평점
형사범죄인지수	1033.2	25	6
공해고충건수	82.0	37	3
교통사고건수	508.3	15	8
화재건수	31.4	7	9
노동재해율	2.60	42	2
지방채	725,750	24	6
부채액	499	32	4
저축액	2,344	2	10
노인복지비	74.9	40	3
도움요구율	3.8	9	9
고민/스트레스	42.2	36	3
상담요구율	5.4	8	9

생활·가족부문			
	수치	순위	평점
출생률	1.23	44	2
미혼율	33.9	26	5
전입률	1.88	13	8
교제비	6.5	29	5
자가주택률	72.6	10	9
평수(다다미수)	14.88	23	6
하수도	73.4	14	8
생활보호	11.7	30	5
보육소정원	31.1	29	5

의료·건강부문			
	수치	순위	평점
휴식시간	131	13	8
취미오락시간	148	45	2
의료비	268	16	7
병상수	1231.1	36	3
의사수	215.0	28	5
노쇠사망자수	27.7	36	3
자살사망자수	19.6	1	10
평균수명(남)	79.25	9	9
평균수명(여)	85.84	23	6

노동·기업부문			
	수치	순위	평점
이직률	34.8	46	1
노동시간	138.8	2	10
직업보유율	55.0	47	1
정사원비율	58.7	40	3
취업희망자	78.51	36	3
취업기간	13.7	33	4
완전실업률	4.8	25	6
장애인고용	2.08	5	10
결손법인	70.1	13	8
평균공임월액	10,292	43	2

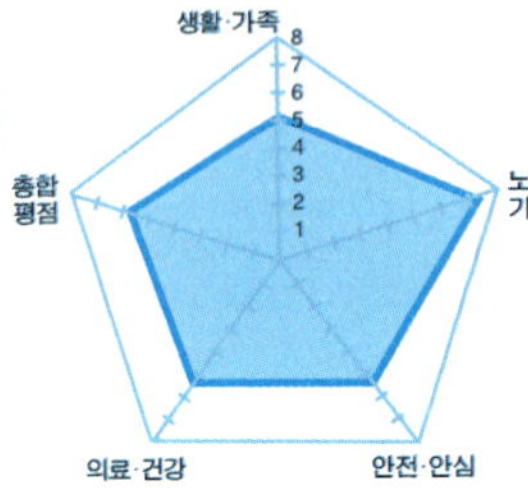

와카야마현(和歌山県) 32위

높은 지표와 낮은 지표의 차가 적다

종합평균평점은 5.63로 전국 순위는 제32이다. 4부문 지표에서는 '노동·기업부문'이 6위로 높고, 역으로 '의료·건강부문'은 41위로 낮다. 또한 나머지 2개 지표도 30위 이하로 낮은 편이다. 그러나 높은 지표와 낮은 지표가 타현과 비교하여 적은 것이 와카야마현의 특징이라고 말할 수 있다.

자연으로부터 혜택받고 있지만, 평야가 적어 재정은 별로 풍족하지 않은 것 같다. 앞으로는 임업의 활용이 기대된다. 간사이(關西)국제공항의 이점을 살려 새로운 발상의 문화나 산업이 생긴다면 활로를 찾아낼 수 있을 것이다.

안전·안심부문			
	수치	순위	평점
형사범죄인지수	1210.7	36	3
공해고충건수	78.2	35	4
교통사고건수	717.2	39	3
화재건수	40.9	23	6
노동재해율	2.56	41	2
지방채	786,086	29	5
부채액	393	11	8
저축액	1,408	31	4
노인복지비	88.3	16	7
도움요구율	5.1	37	3
고민/스트레스	38.4	7	9
상담요구율	5.6	13	8

생활·가족부문			
	수치	순위	평점
출생률	1.36	32	4
미혼율	32.5	11	8
전입률	1.23	41	2
교제비	6.9	24	6
자가주택률	72.8	9	9
평수(다다미수)	14.17	31	4
하수도	19.5	46	1
생활보호	12.2	32	4
보육소정원	41.5	17	7

의료·건강부문			
	수치	순위	평점
휴식시간	125	32	4
취미오락시간	159	29	5
의료비	308	30	5
병상수	1596.1	23	6
의사수	268.8	9	9
노쇠사망자수	55.5	3	10
자살사망자수	25.8	30	5
평균수명(남)	77.97	41	2
평균수명(여)	85.34	41	2

노동·기업부문			
	수치	순위	평점
이직률	33.7	36	3
노동시간	144.3	12	8
직업보유율	55.7	43	2
정사원비율	60.9	25	6
취업희망자	80.12	19	7
취업기간	15.5	4	10
완전실업률	4.3	12	8
장애인고용	1.92	10	9
결손법인	70.6	15	8
평균공임월액	14,323	8	9

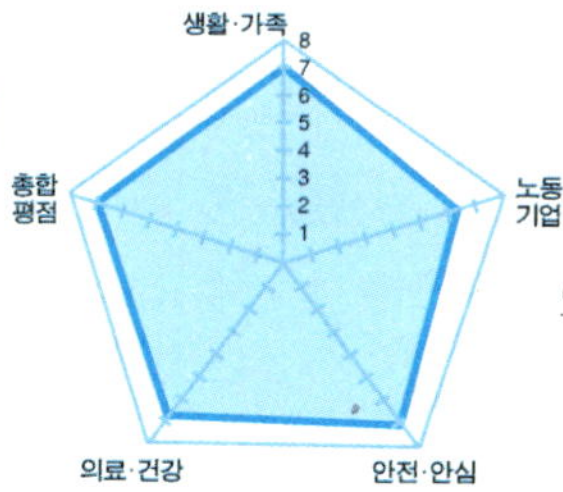

돗토리현(鳥取県) 4위

4부문 모두 양호하고 살기 좋다

종합평균평점은 6.63점으로 전국 순위는 제4위이다. 4부문 지표에서는 '안전·안심부문'이 6위, '의료·건강부문'이 7위이다. 더하여 '생활·가족부문'은 9위, '노동·기업부문'은 13위이다. 전체적으로 4부문 모두 양호하다.

동해 바다의 풍요로운 혜택으로 어업이 성행하고 있다. 또한 돗토리사구(鳥取砂丘)를 이용한 농업에서는 야채나 과일 등을 생산하고 있다. 배는 전국적으로 유명하며 대규모로 출하되고 있다. 노인이나 영유아에 대하여 심도 깊은 복지가 이루어지고 있는 현이다.

안전·안심부문			
	수치	순위	평점
형사범죄인지수	881.9	16	7
공해고충건수	61.2	18	7
교통사고건수	330.5	3	10
화재건수	38.3	15	8
노동재해율	1.27	9	9
지방채	1,036,424	41	2
부채액	339	6	9
저축액	1,494	27	5
노인복지비	97.0	6	10
도움요구율	4.9	35	4
고민/스트레스	42.0	34	4
상담요구율	6.0	27	5

생활·가족부문			
	수치	순위	평점
출생률	1.46	13	8
미혼율	33.3	20	7
전입률	1.58	28	5
교제비	6.5	29	5
자가주택률	70.0	18	7
평수(다다미수)	15.29	17	7
하수도	63.1	23	6
생활보호	9.0	22	6
보육소정원	68.4	3	10

의료·건강부문			
	수치	순위	평점
휴식시간	126	25	5
취미오락시간	165	16	7
의료비	309	31	4
병상수	1675.8	18	7
의사수	287.6	4	10
노쇠사망자수	52.3	6	9
자살사망자수	25.6	29	5
평균수명(남)	78.26	34	4
평균수명(여)	86.27	8	9

노동·기업부문			
	수치	순위	평점
이직률	31.3	24	6
노동시간	149.4	30	5
직업보유율	60.2	18	7
정사원비율	63.7	8	9
취업희망자	78.53	35	4
취업기간	14.2	25	6
완전실업률	4.1	8	9
장애인고용	1.83	16	7
결손법인	73.4	37	3
평균공임월액	13,681	15	8

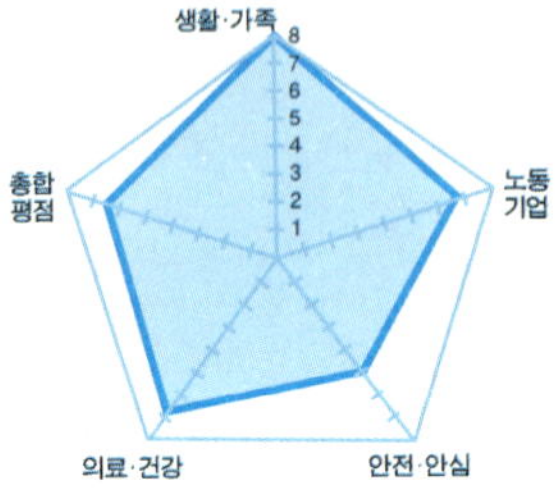

시마네현(島根県) 8위

이웃과의 교제가 깊고, 생활을 즐기는 주민성

종합평균평점은 6.35점으로 전국 순위는 제8위이다. 4부문 지표에서는 '생활·가족부문'이 2위지만, 역으로 '안전·안심부문'이 46위로 낮다. 나머지 2부문은 상위이다.

출생률이 높은 것은 영유아에 대한 복지가 충실하기 때문일 것이다. 이웃과의 교제가 깊고, 생활을 즐기는 지역성이 엿보인다. 여성의 평균수명이 긴 것은 여성이 소중하게 대우받고, 풍요로운 식생활이 가능하기 때문일 것이다. 한편 지방채액이 높은 것이 염려된다.

안전·안심부문			
	수치	순위	평점
형사범죄인지수	714.4	8	9
공해고충건수	67.7	24	6
교통사고건수	307.6	1	10
화재건수	46.9	42	2
노동재해율	1.91	28	5
지방채	1,378,898	47	1
부채액	487	28	5
저축액	1,187	42	2
노인복지비	93.7	9	9
도움요구율	9.5	47	1
고민/스트레스	41.7	32	4
상담요구율	5.9	21	6

생활·가족부문			
	수치	순위	평점
출생률	1.55	5	10
미혼율	31.4	5	10
전입률	1.53	29	5
교제비	8.8	1	10
자가주택률	73.0	7	9
평수(다다미수)	14.80	24	6
하수도	40.9	42	2
생활보호	6.4	14	8
보육소정원	69.7	1	10

의료·건강부문			
	수치	순위	평점
휴식시간	133	10	9
취미오락시간	153	41	2
의료비	306	29	5
병상수	1744.0	16	7
의사수	263.6	10	9
노쇠사망자수	58.3	1	10
자살사망자수	30.9	44	2
평균수명(남)	78.49	29	5
평균수명(여)	86.57	2	10

노동·기업부문			
	수치	순위	평점
이직률	32.5	30	5
노동시간	151.1	39	3
직업보유율	58.5	25	6
정사원비율	62.7	14	8
취업희망자	80.11	20	7
취업기간	14.8	13	8
완전실업률	3.2	1	10
장애인고용	1.83	16	7
결손법인	73.1	32	4
평균공임월액	13,529	16	7

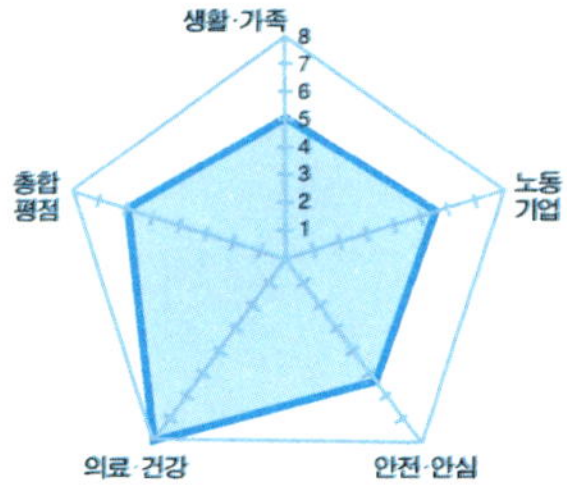

오카야마현(岡山県) 24위

온난한 기후이며 의료환경이 좋다

종합평균평점은 5.83점으로 전국 순위는 제24위이다. 4부문 지표에서는 '의료·건강부문'이 1위이다. 역으로 '안전·안심부문'이 41위로 낮다.

의료에서 혜택받은 현으로 세토나이해(瀬户内海)에 면하여 온난한 기후특성을 갖고 있다. 산을 등진 남향의 지형은 일조시간이 길어, 풍부한 산물을 생산하고, 밝은 인간성을 길러내고 있다. 신칸선이 다니고, 산요도(山陽道)·츄고쿠도(中国道)라고 하는 동서를 관통하는 2개의 고속도로가 있다. 혼슈(本州)와 시코쿠(四国)를 연결하는 교통의 요충지로서 세토나이(瀬户)대교를 열차나 자동차로 통행할 수 있어 관광객을 포함한 많은 사람이 왕래하고 있다. 문화교류의 거점이 되고 있다.

안전·안심부문			
	수치	순위	평점
형사범죄인지수	1243.0	37	3
공해고충건수	55.6	15	8
교통사고건수	883.9	42	2
화재건수	48.5	44	2
노동재해율	1.59	20	7
지방채	640,182	17	7
부채액	446	22	6
저축액	1,867	15	8
노인복지비	86.7	19	7
도움요구율	7.3	45	2
고민/스트레스	41.2	26	5
상담요구율	6.1	30	5

생활·가족부문			
	수치	순위	평점
출생률	1.39	23	6
미혼율	34.5	30	5
전입률	1.59	27	5
교제비	7.0	18	7
자가주택률	66.5	26	5
평수(다다미수)	15.06	22	6
하수도	58.8	27	5
생활보호	10.0	26	5
보육소정원	19.5	42	2

의료·건강부문			
	수치	순위	평점
휴식시간	125	32	4
취미오락시간	175	5	10
의료비	310	33	4
병상수	1718.3	17	7
의사수	272.9	8	9
노쇠사망자수	37.4	19	7
자살사망자수	20.8	4	10
평균수명(남)	79.22	10	9
평균수명(여)	86.49	4	10

노동·기업부문			
	수치	순위	평점
이직률	32.4	29	5
노동시간	150.2	37	3
직업보유율	58.5	25	6
정사원비율	63.9	7	9
취업희망자	79.63	25	6
취업기간	13.9	29	5
완전실업률	4.5	18	7
장애인고용	1.86	12	8
결손법인	73.3	35	4
평균공임월액	10,729	41	2

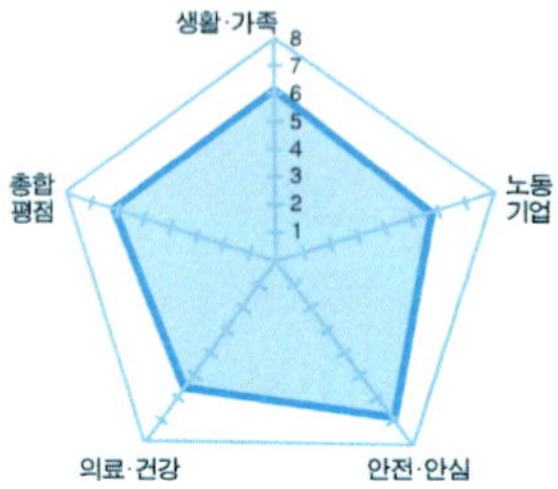

히로시마현(広島県) 18위

경제가 풍요롭고 견실한 주민성

종합평균평점은 5.95점으로 전국 순위는 제18위이다. 4부문 지표에서는 '안전·안심부문'이 8위이다. 역으로 '의료·건강부문'은 28위로 전국평균을 약간 하회한다. '생활·가족부문'은 전국평균정도이다.

견실한 가정을 영위하고 있는 것을 엿볼 수 있다. 츄고쿠(中国)지방의 경제·문화의 중심지이다. 기후풍토의 혜택을 받아 오래전부터 공업이 성행하여 경제적으로 풍요로운 현이다.

안전·안심부문			
	수치	순위	평점
형사범죄인지수	991.4	24	6
공해고충건수	50.3	11	8
교통사고건수	604.4	29	5
화재건수	46.1	38	3
노동재해율	1.48	13	8
지방채	655,413	19	7
부채액	306	1	10
저축액	1,936	10	9
노인복지비	85.7	23	7
도움요구율	4.0	13	8
고민/스트레스	43.2	46	1
상담요구율	5.9	21	6

생활·가족부문			
	수치	순위	평점
출생률	1.47	12	8
미혼율	34.1	28	5
전입률	1.80	17	7
교제비	8.0	8	9
자가주택률	61.2	38	3
평수(다다미수)	15.41	14	8
하수도	67.9	20	7
생활보호	12.5	34	4
보육소정원	20.4	39	3

의료·건강부문			
	수치	순위	평점
휴식시간	119	41	2
취미오락시간	156	38	3
의료비	319	38	3
병상수	1616.1	22	6
의사수	239.2	20	7
노쇠사망자수	35.1	26	5
자살사망자수	23.6	18	7
평균수명(남)	79.06	13	8
평균수명(여)	86.27	8	9

노동·기업부문			
	수치	순위	평점
이직률	32.0	26	5
노동시간	148.2	22	6
직업보유율	58.8	24	6
정사원비율	60.1	30	5
취업희망자	78.72	34	4
취업기간	13.5	34	4
완전실업률	4.2	11	8
장애인고용	1.83	16	7
결손법인	73.1	32	4
평균공임월액	13,292	19	7

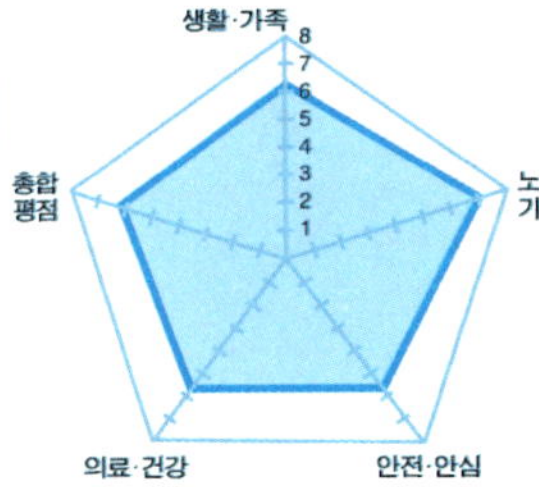

야마구치현(山口県) 16위

행복한 가정을 이루기 좋은 생활환경

종합평균평점은 6.00점으로 전국 순위는 제16위이다. 4부문 지표에서는 '노동·기업부문'이 8위이다. 역으로 '안전·안심부문'이 32위로 낮다.

동해와 세토나이해(瀬戸内海)에 둘러싸여 풍요로운 자연의 혜택을 받고 있다. 관광과 산업이 성행하고, 살기 좋은 현이다. 젊은이들이 큐슈(九州)나 히로시마 등 대도시로 일을 찾아 이동하고 있는 경향이 있다. 가정에 있어서는 부채가 많고, 저축액이 적은 것이 염려된다. 장애인에 대하여 온정이 깊은 현이다. 결혼하여 아이를 낳고, 행복한 가정을 이루기 좋은 생활환경이 마련되어 있다.

안전·안심부문			
	수치	순위	평점
형사범죄인지수	852.6	15	8
공해고충건수	67.9	25	6
교통사고건수	532.8	17	7
화재건수	41.0	24	6
노동재해율	1.86	26	5
지방채	787,963	30	5
부채액	765	47	1
저축액	1,277	35	4
노인복지비	90.9	13	8
도움요구율	4.8	33	4
고민/스트레스	42.8	42	2
상담요구율	5.4	8	9

생활·가족부문			
	수치	순위	평점
출생률	1.43	15	8
미혼율	31.5	6	9
전입률	1.77	22	6
교제비	6.4	32	4
사가주택률	66.4	27	5
평수(다다미수)	15.48	12	8
하수도	58.8	27	5
생활보호	10.2	27	5
보육소정원	35.7	24	6

의료·건강부문			
	수치	순위	평점
휴식시간	124	35	4
취미오락시간	170	8	9
의료비	326	39	3
병상수	2073.5	9	9
의사수	248.1	16	7
노쇠사망자수	42.1	12	8
자살사망자수	28.3	39	3
평균수명(남)	78.11	38	3
평균수명(여)	85.63	32	4

노동·기업부문			
	수치	순위	평점
이직률	34.7	43	2
노동시간	144.6	14	8
직업보유율	56.7	36	3
정사원비율	62.8	13	8
취업희망자	80.03	21	6
취업기간	14.4	21	6
완전실업률	4.0	5	10
장애인고용	2.28	1	10
결손법인	70.5	14	8
평균공임월액	13,704	14	8

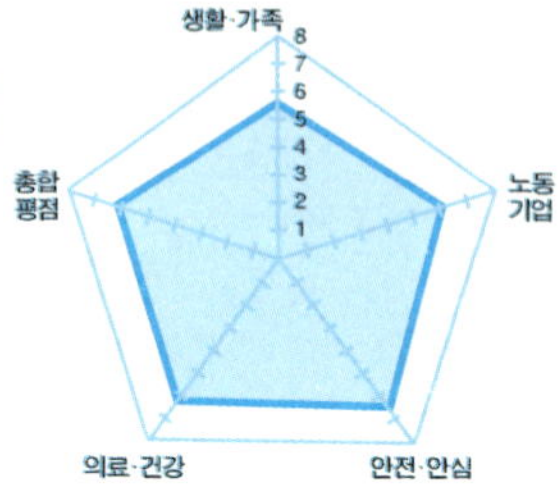

도쿠시마현(德島県) 16위

의료환경이 좋아 안심하고 생활할 수 있다

종합평균평점은 6.00점으로 전국 순위는 제16위이다. 4부문 지표에서는 '안전·안심부문'이 9위, '의료·건강부문'이 12위로 양호하다. 나머지 2개 부문은 전국평균정도이다.

오오나루토교(大鳴門橋)나 아카시해협대교(明石海峡大橋)를 이용하면, 고베·오사카로의 접근이 용이하며, 시코쿠(四国)지역의 현관으로서 역할하고 있다. 요시노강(吉野川)의 풍요로운 자연의 혜택을 받아 농업과 어업이 성행하고 있다. 유명한 아와오도리(阿波踊り)를 구경하기 위해 전국으로부터 관광객이 온다. 개방적인 성품이며, 전통적인 문화를 지키는 기질이 있다. 인구에 비하여 병원과 의사수가 많아 의료에서 혜택받은 곳이다.

안전·안심부문			
	수치	순위	평점
형사범죄인지수	905.8	18	7
공해고충건수	70.8	28	5
교통사고건수	697.9	38	3
화재건수	33.5	9	9
노동재해율	0.97	1	10
지방채	1,193,177	46	1
부채액	450	24	6
저축액	1,411	30	5
노인복지비	101.9	1	10
도움요구율	4.5	26	5
고민/스트레스	40.5	21	6
상담요구율	5.6	13	8

생활·가족부문			
	수치	순위	평점
출생률	1.35	33	4
미혼율	32.4	9	9
전입률	1.31	38	3
교제비	6.9	24	6
자가주택률	69.0	22	6
평수(다다미수)	15.47	13	8
하수도	13.9	47	1
생활보호	15.7	38	3
보육소정원	52.8	7	9

의료·건강부문			
	수치	순위	평점
휴식시간	116	44	2
취미오락시간	164	21	6
의료비	333	42	2
병상수	2262.0	5	10
의사수	299.4	1	10
노쇠사망자수	44.7	10	9
자살사망자수	21.1	6	9
평균수명(남)	78.09	39	3
평균수명(여)	85.67	30	5

노동·기업부문			
	수치	순위	평점
이직률	34.2	40	3
노동시간	148.7	26	5
직업보유율	55.6	44	2
정사원비율	64.5	3	10
취업희망자	80.36	12	8
취업기간	15.8	2	10
완전실업률	4.7	22	6
장애인고용	1.67	30	5
결손법인	79.8	47	1
평균공임월액	15,906	3	10

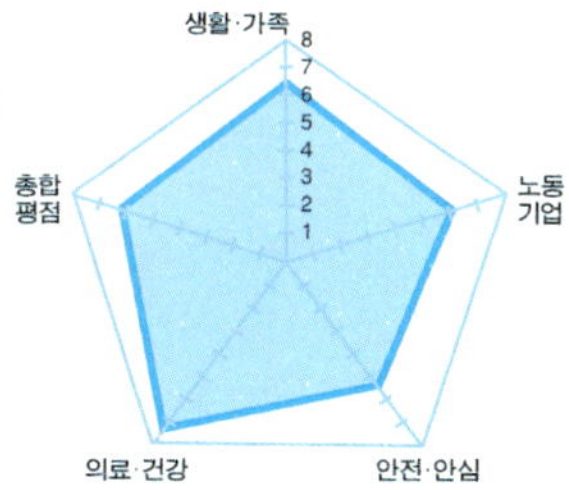

카가와현(香川県) 12위

자연재해가 적고, 의료가 충실

종합평균평점은 6.10점으로 전국 순위는 제12위이다. 4부문 지표에서는 '의료·건강부문'이 4위로 높고, '생활·가족부문', '노동·기업부문'이 양호하지만, '안전·안심부문'은 38위로 낮다.

사누끼평야(讃岐平野)의 혜택을 받고 있으며, 자연재해가 적어 거주하기 좋은 현이다. 쇼도섬(小豆島)를 비롯하여 크고 작은 다양한 섬을 가지고 있으며, 세토나이해(瀬戸内海)의 풍부한 산물의 혜택을 받고 있다. 교통사고발생율이 높은 바, 자동차 운전에 주의를 기울여야 할 것이다.

안전·안심부문			
	수치	순위	평점
형사범죄인지수	1047.8	28	5
공해고충건수	64.4	21	6
교통사고건수	1173.2	47	1
화재건수	42.5	28	5
노동재해율	2.00	31	4
지방채	761,328	27	5
부채액	324	4	10
저축액	1,878	13	8
노인복지비	86.4	21	7
도움요구율	7.2	44	2
고민/스트레스	43.0	44	2
상담요구율	5.6	13	8

생활·가족부문			
	수치	순위	평점
출생률	1.48	11	8
미혼율	33.3	20	7
전입률	1.97	10	9
교제비	6.4	32	4
자가주택률	70.9	14	8
평수(다다미수)	15.93	10	9
하수도	40.5	43	2
생활보호	9.6	24	6
보육소정원	28.9	31	4

의료·건강부문			
	수치	순위	평점
휴식시간	130	17	7
취미오락시간	165	16	7
의료비	317	37	3
병상수	1826.9	13	8
의사수	258.2	13	8
노쇠사망자수	38.2	16	7
자살사망자수	20.7	3	10
평균수명(남)	78.91	19	7
평균수명(여)	85.89	20	7

노동·기업부문			
	수치	순위	평점
이직률	32.1	27	5
노동시간	149.9	34	4
직업보유율	58.4	27	5
정사원비율	64.2	6	9
취업희망자	80.63	8	9
취업기간	14.8	13	8
완전실업률	4.1	8	9
장애인고용	1.74	22	6
결손법인	75.3	44	2
평균공임월액	10,772	40	3

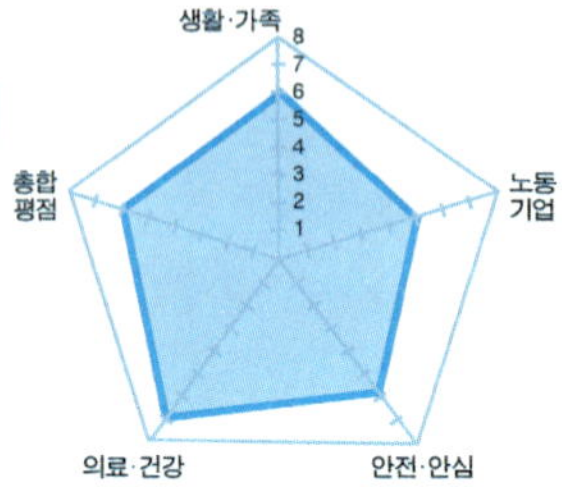

에히메현(愛媛県) 27위

온난한 기후로 밝은 주민성

종합평균평점은 5.73점으로 전국 순위는 제27위이다. 4부문 지표에서는 '의료·건강부문'이 6위로 양호하지만, 역으로 '노동·기업부문'이 38위로 낮다.

농업, 공업과 관광에서 혜택받고 있으며, 온난한 기후가 밝은 주민성을 만들고 있다. 고민을 상담할 수 있는 것은 핵가족이 적고, 2세대 이상의 가족이 생활하고 있기 때문이 아닐까 생각된다. 현재 일을 계속하고 싶다고 생각하고 있는 사람이 많지만, 많은 사람이 전직하고 있는 경향이 있다.

안전·안심부문			
	수치	순위	평점
형사범죄인지수	1166.1	33	4
공해고충건수	75.1	33	4
교통사고건수	620.1	32	4
화재건수	39.1	17	7
노동재해율	1.65	24	6
지방채	654,618	18	7
부채액	401	14	8
저축액	1,315	34	4
노인복지비	87.6	17	7
도움요구율	8.4	46	1
고민/스트레스	41.3	28	5
상담요구율	4.7	1	10

생활·가족부문			
	수치	순위	평점
출생률	1.41	20	7
미혼율	32.4	9	9
전입률	1.42	34	4
교제비	7.5	14	8
자가주택률	65.6	31	4
평수(다다미수)	15.13	21	6
하수도	47.1	39	3
생활보호	11.5	28	5
보육소정원	34.9	25	6

의료·건강부문			
	수치	순위	평점
휴식시간	136	5	10
취미오락시간	167	11	8
의료비	309	31	4
병상수	1914.2	12	8
의사수	243.7	18	7
노쇠사망자수	46.4	9	9
자살사망자수	23.2	16	7
평균수명(남)	78.25	35	4
평균수명(여)	85.64	31	4

노동·기업부문			
	수치	순위	평점
이직률	34.7	43	2
노동시간	151.7	41	2
직업보유율	56.6	39	3
정사원비율	62.3	17	7
취업희망자	80.79	4	10
취업기간	14.9	12	8
완전실업률	4.7	22	6
장애인고용	1.69	26	5
결손법인	74.8	43	2
평균공임월액	11,562	34	4

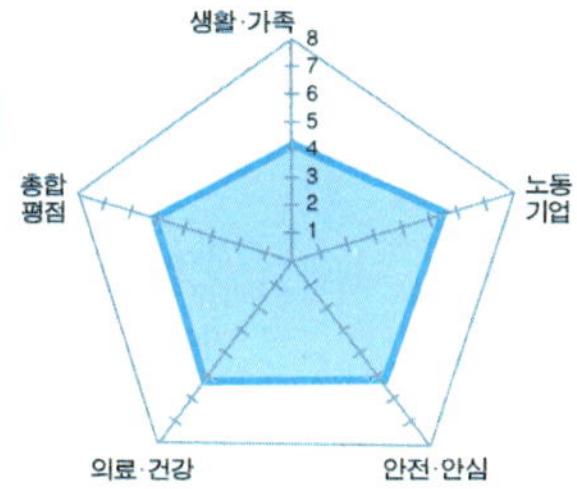

고치현(高知県) 46위

생활면, 안전면에서 개선이 필요

종합평균평점은 5.00점으로 전국 순위는 제46위이다. 4부문 지표에서는 '생활·가족부문'과 '안전·안심부문'이 44위이다. 나머지 2부문도 평균을 하회하고 있다.

아시즈리갑(足摺岬)부터 무로토갑(室戸岬)까지 태평양에 면하여 태풍의 통과지역에 있기 때문에 자연재해가 많은 현이다. 광대한 태평양에 면하고 있는 밝은 주민성이 요사코이오도리(よさこい踊り)를 전국에 확산시키고 있다. 고령화가 진행되고, 1인당 의료비가 전국에서 가장 많이 들고 있다. 지역의료가 추진되고 있기 때문에 병원·병상수나 의사수가 늘고 있다.

안전·안심부문			
	수치	순위	평점
형사범죄인지수	1124.9	32	4
공해고충건수	96.9	41	2
교통사고건수	497.2	14	8
화재건수	51.2	45	2
노동재해율	2.47	38	3
지방채	1,003,060	37	3
부채액	425	18	7
저축액	1,625	24	6
노인복지비	100.9	2	10
도움요구율	4.7	32	4
고민/스트레스	39.3	13	8
상담요구율	6.2	34	4

생활·가족부문			
	수치	순위	평점
출생률	1.29	37	3
미혼율	32.8	15	8
전입률	1.27	40	3
교제비	5.3	43	2
자가주택률	66.8	25	6
평수(다다미수)	14.56	27	5
하수도	31.7	45	2
생활보호	22.7	45	2
보육소정원	44.4	16	7

의료·건강부문			
	수치	순위	평점
휴식시간	127	21	6
취미오락시간	165	16	7
의료비	366	47	1
병상수	2704.3	1	10
의사수	282.5	6	9
노쇠사망자수	34.9	27	5
자살사망자수	30.5	43	2
평균수명(남)	77.93	44	2
평균수명(여)	85.87	21	6

노동·기업부문			
	수치	순위	평점
이직률	34.5	42	2
노동시간	146.4	18	7
직업보유율	56.4	42	2
정사원비율	62.1	20	7
취업희망자	78.44	37	3
취업기간	15.4	6	9
완전실업률	5.2	36	3
장애인고용	1.90	11	8
결손법인	73.6	38	3
평균공임월액	15,133	6	9

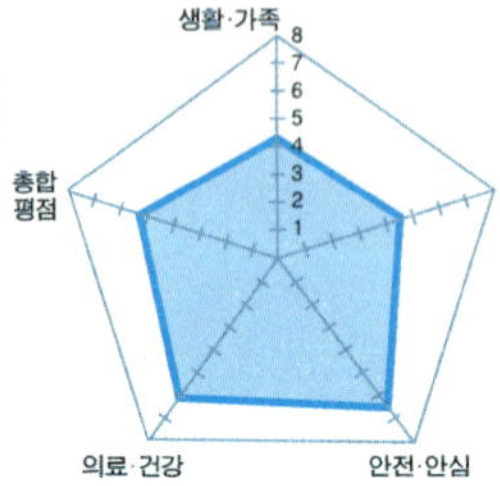

후쿠야마현(福岡県) 39위

부채를 좋아하지 않는 주민성

종합평균평점은 5.28점으로 전국 순위는 제39위이다. 4부문 지표에서는 '안전·안심부문'이 12위로 4개 부문에서 가장 양호하다. 그러나 '생활·가족부문'은 43위, '노동·기업부문'은 44위로 2부문에서 낮다.

큐슈의 현관이며, 대규모 공업지대로서 풍족한 평야의 혜택을 받고 있다. 안정된 기업이 많이 보여진다. 한편 범죄나 교통사고가 많은 것이 염려된다. 직업을 갖고 있는 여성이 많아 도시형 라이프스타일의 생활을 영위하는 것으로 보인다. 부채액은 적지만, 위기에 대비하기 위한 저축액도 적은 것이 불안하다.

안전·안심부문			
	수치	순위	평점
형사범죄인지수	1557.3	44	2
공해고충건수	67.5	23	6
교통사고건수	877.5	41	2
화재건수	38.9	16	7
노동재해율	1.57	18	7
지방채	527,364	9	9
부채액	314	3	10
저축액	1,003	45	2
노인복지비	95.1	7	9
도움요구율	4.2	18	7
고민/스트레스	41.9	33	4
상담요구율	5.3	7	9

생활·가족부문			
	수치	순위	평점
출생률	1.37	26	5
미혼율	37.8	44	2
전입률	2.07	8	9
교제비	6.5	29	5
자가주택률	53.6	44	2
평수(다다미수)	13.91	36	3
하수도	75.7	13	8
생활보호	19.6	43	2
보육소정원	20.5	38	3

의료·건강부문			
	수치	순위	평점
휴식시간	131	13	8
취미오락시간	160	25	6
의료비	329	41	2
병상수	1944.1	11	8
의사수	283.1	5	10
노쇠사망자수	19.7	44	2
자살사망자수	23.6	18	7
평균수명(남)	78.35	30	5
평균수명(여)	85.84	23	6

노동·기업부문			
	수치	순위	평점
이직률	33.2	34	4
노동시간	148.0	21	6
직업보유율	57.5	32	4
정사원비율	59.7	35	4
취업희망자	77.31	43	2
취업기간	12.5	43	2
완전실업률	6.0	44	2
장애인고용	1.71	24	6
결손법인	66.9	2	10
평균공임월액	11,571	33	4

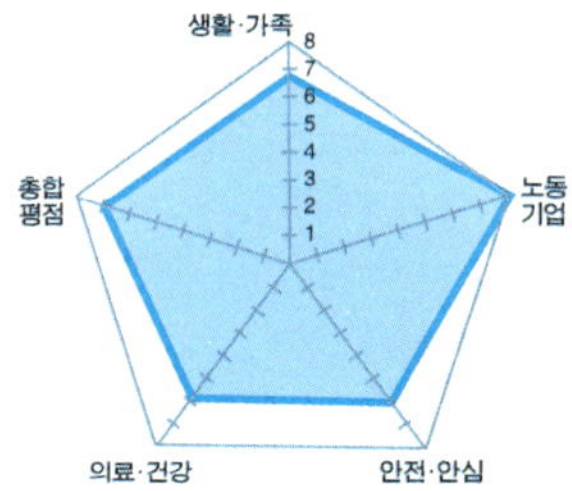

사가현(佐賀県) 5위

장애인이 일하기 좋다

종합평균평점은 6.55점으로 전국 순위는 제5위이다. 4부문 지표에서는 '노동·기업부문'이 2위이고, '생활·가족부문'도 13위이다. 가장 낮은 것은 '의료·건강부문'이지만, 26위로 평균적이다.

동해와 아리아케해(有明海)에 끼어있고, 츠쿠시평야(筑紫平野)를 가지고 있다. 대규모 공장이 진출해 있어 직장에 있어 혜택을 받고 있다. 휴양이나 휴식을 충분히 취하여, 고민이나 스트레스를 해소하고 있다고 생각된다. 장애인에게 온정적인 현이다. 장래에 대하여 밝은 전망을 가진 살기 좋은 현이다.

안전·안심부문			
	수치	순위	평점
형사범죄인지수	957.6	23	6
공해고충건수	50.1	10	9
교통사고건수	911.0	43	2
화재건수	41.6	25	6
노동재해율	3.19	46	1
지방채	753,424	26	5
부채액	397	13	8
저축액	1,415	29	5
노인복지비	93.9	8	9
도움요구율	4.3	23	6
고민/스트레스	41.2	26	5
상담요구율	5.1	5	10

생활·가족부문			
	수치	순위	평점
출생률	1.49	9	9
미혼율	35.3	34	4
전입률	2.04	9	9
교제비	7.0	18	7
자가주택률	69.3	20	7
평수(다다미수)	14.04	34	4
하수도	48.8	36	3
생활보호	7.4	17	7
보육소정원	51.9	8	9

의료·건강부문			
	수치	순위	평점
휴식시간	136	5	10
취미오락시간	156	38	3
의료비	314	36	3
병상수	2158.5	6	9
의사수	251.6	15	8
노쇠사망자수	27.0	39	3
자살사망자수	26.6	33	4
평균수명(남)	78.31	32	4
평균수명(여)	86.04	17	7

노동·기업부문			
	수치	순위	평점
이직률	30.8	20	7
노동시간	153.5	45	2
직업보유율	59.3	22	6
정사원비율	64.3	5	10
취업희망자	80.65	7	9
취업기간	15.2	7	9
완전실업률	4.3	12	8
장애인고용	2.18	3	10
결손법인	69.0	6	9
평균공임월액	16,358	2	10

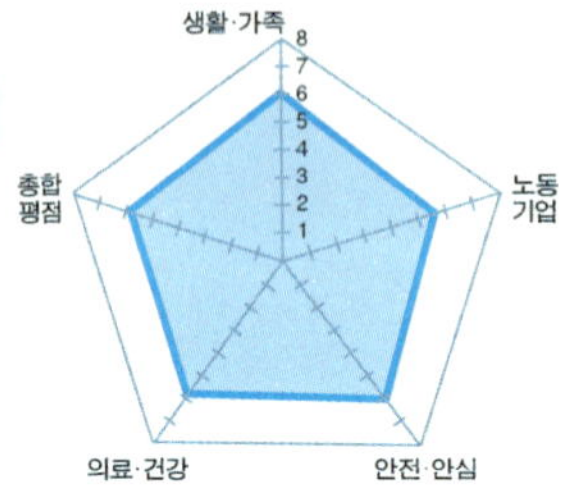

나가사키현(長崎県) 22위

주민이 서로 도우면서 산다

종합평균평점은 5.88점으로 전국 순위는 제22위이다. 4부문 지표에서는 '안전·안심부문'이 17위로 4부문 중 가장 양호하다. '의료·건강부문'이 22위, '노동·기업부문'이 27위이다.

젊은이들이 대도시로 나가 고령화가 진행되고 있다. 일이 줄어 노동환경은 좋지 않지만, 온난한 기후와 풍부한 자연환경에 둘러싸여 있기 때문에 농수산물에 있어 혜택을 받고 있다. 지역민들이 서로 도와가면서 즐겁게 생활하고 있다.

안전·안심부문			
	수치	순위	평점
형사범죄인지수	629.5	4	10
공해고충건수	74.3	32	4
교통사고건수	534.5	19	7
화재건수	43.9	32	4
노동재해율	3.12	45	2
지방채	766,772	28	5
부채액	505	33	4
저축액	1,212	40	3
노인복지비	97.2	5	10
도움요구율	4.8	33	4
고민/스트레스	38.0	4	10
상담요구율	5.4	8	9

생활·가족부문			
	수치	순위	평점
출생률	1.50	7	9
미혼율	32.8	15	8
전입률	1.76	23	6
교제비	8.4	4	10
자가주택률	65.7	30	5
평수(다다미수)	13.76	39	3
하수도	56.7	31	4
생활보호	17.0	40	3
보육소정원	38.5	20	7

의료·건강부문			
	수치	순위	평점
휴식시간	127	21	6
취미오락시간	158	33	4
의료비	340	46	1
병상수	2312.8	4	10
의사수	278.3	7	9
노쇠사망자수	32.4	29	5
자살사망자수	23.1	14	8
평균수명(남)	78.13	37	3
평균수명(여)	85.85	22	6

노동·기업부문			
	수치	순위	평점
이직률	34.7	43	2
노동시간	160.6	47	1
직업보유율	55.3	46	1
정사원비율	63.0	11	8
취업희망자	80.99	1	10
취업기간	14.5	20	7
완전실업률	5.1	32	4
장애인고용	2.08	5	10
결손법인	69.7	11	8
평균공임월액	12,508	27	5

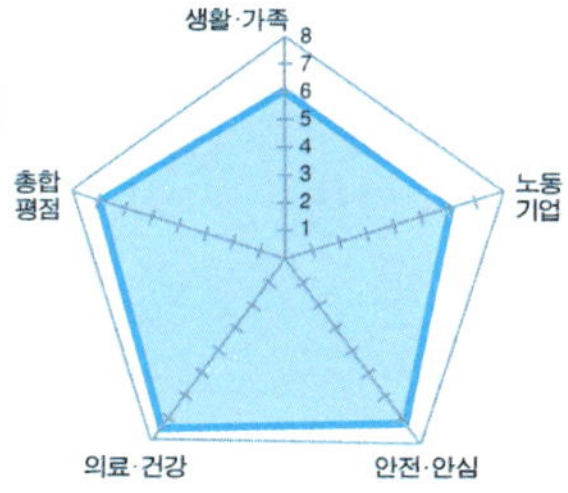

구마모토현(熊本県) 5위

안심하고 살 수 있는 살기좋은 현

종합평균평점은 6.55점으로 전국 순위는 제4위이다. 4부문 지표에서는 '안전·안심부문'이 1위, 다음 '의료·건강부문'도 3위로 상위이다.

아마쿠사제도(天草諸島)를 포함한 광대한 면적을 갖고 있다. 철도와 고속도로가 정비되어 있어, 후쿠오카로의 교통편의성이 좋아 인적교류가 왕성하게 이루어지고 있다. 여성이 결혼하여 아이를 출산할 수 있는 환경이 잘 정비되어 있다. 아소쿠쥬국립공원(阿蘇くじゅう国立公園)이 있어 관광객이 연중 찾아오고, 농업이 왕성하다.

안전·안심부문			
	수치	순위	평점
형사범죄인지수	845.7	13	8
공해고충건수	33.6	3	10
교통사고건수	615.2	31	4
화재건수	38.0	14	8
노동재해율	1.84	25	6
지방채	742,837	25	6
부채액	434	19	7
저축액	1,370	32	4
노인복지비	91.3	12	8
도움요구율	4.6	29	5
고민/스트레스	39.8	16	7
상담요구율	5.0	3	10

생활·가족부문			
	수치	순위	평점
출생률	1.58	3	10
미혼율	33.8	25	6
전입률	1.73	25	6
교제비	7.2	16	7
자가주택률	64.3	35	4
평수(다다미수)	13.62	40	3
하수도	60.8	24	6
생활보호	9.6	24	6
보육소정원	38.2	21	6

의료·건강부문			
	수치	순위	평점
휴식시간	131	13	8
취미오락시간	166	14	8
의료비	326	39	3
병상수	2330.8	3	10
의사수	258.4	12	8
노쇠사망자수	34.2	28	5
자살사망자수	25.0	27	5
평균수명(남)	79.22	10	9
평균수명(여)	86.54	3	10

노동·기업부문			
	수치	순위	평점
이직률	33.3	35	4
노동시간	149.6	31	4
직업보유율	57.6	31	4
정사원비율	61.3	22	6
취업희망자	79.73	23	6
취업기간	14.7	15	8
완전실업률	4.9	29	5
장애인고용	1.98	9	9
결손법인	71.1	21	6
평균공임월액	13,451	18	7

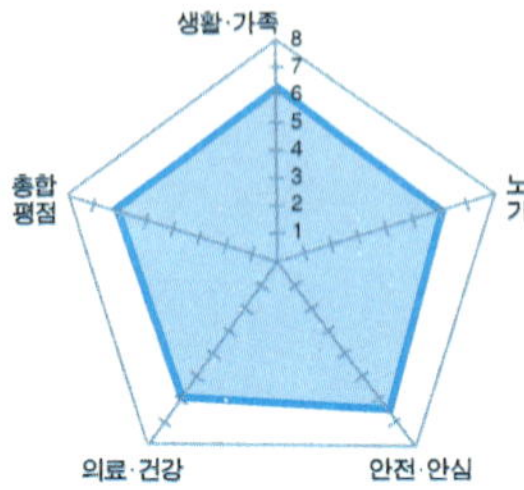

오이타현(大分県) 14위

전체 부문이 평균 이상

종합평균평점은 6.05점으로 전국 순위는 제14위이다. 4부문 지표에서는 '안전·안심부문'이 12위, '생활·가족부문'이 16위, '의료·건강부문'이 22위, '노동·기업부문'은 21위로 돌출된 항목은 없지만, 4개 부문 모두에서 평균이상의 수치를 보여준다.

온천이 많고, 농업에서는 꽃재배가 성행하여 대도시로 출하하고 있다. 반도체집적회로공장 등이 있어 지역주민의 소득은 큐슈내에서는 높은 편이다. 장애인고용이 충실하여 심도 깊은 보호가 이루어지고 있다고 생각된다.

안전·안심부문			
	수치	순위	평점
형사범죄인지수	728.9	10	9
공해고충건수	65.2	22	6
교통사고건수	554.6	24	6
화재건수	40.1	21	6
노동재해율	1.16	6	9
지방채	825,847	32	4
부채액	492	30	5
저축액	1,143	44	2
노인복지비	88.8	14	8
도움요구율	5.1	37	3
고민/스트레스	38.2	6	9
상담요구율	5.7	16	7

생활·가족부문			
	수치	순위	평점
출생률	1.50	7	9
미혼율	31.6	7	9
전입률	1.89	12	8
교제비	8.3	5	10
자가주택률	62.6	37	3
평수(다다미수)	15.17	20	7
하수도	44.9	41	2
생활보호	13.7	35	4
보육소정원	28.8	32	4

의료·건강부문			
	수치	순위	평점
휴식시간	123	36	3
취미오락시간	159	29	5
의료비	335	44	2
병상수	2130.9	7	9
의사수	247.9	17	7
노쇠사망자수	35.6	25	6
자살사망자수	24.9	26	5
평균수명(남)	78.99	17	7
평균수명(여)	86.06	15	8

노동·기업부문			
	수치	순위	평점
이직률	32.7	33	4
노동시간	149.9	34	4
직업보유율	57.4	33	4
정사원비율	62.3	17	7
취업희망자	80.23	16	7
취업기간	14.4	21	6
완전실업률	4.6	20	7
장애인고용	2.16	4	10
결손법인	73.2	34	4
평균공임월액	13,476	17	7

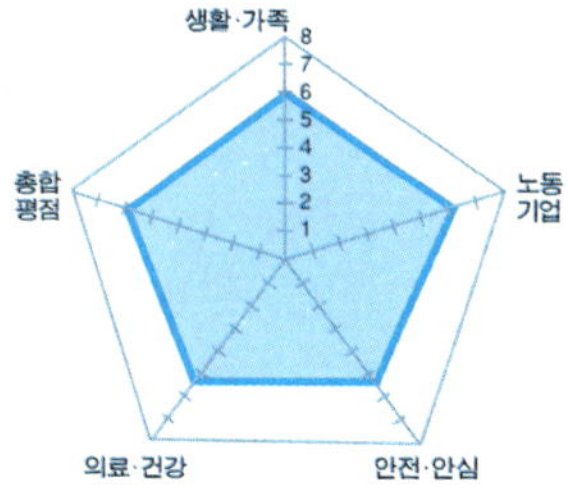

미야기현(宮崎県) 27위

행복한 가정을 추구하는 사람이 많다

종합평균평점은 5.73점으로 전국 순위는 제27위이다. 4부문 지표에서는 '노동·기업부문'이 14위로 비교적 양호한 수치지만, '안전·안심부문'과 '의료·건강부문'이 각각 32위와 34위로 종합랭킹을 떨어뜨리는 요인이 된다.

결혼하여 아이를 낳고, 행복한 가정을 추구하는 사람이 많은 현이다. 적자기업이 적어, 경영이 안정되어 있는 상황임을 엿볼 수 있다. 제1차 산업에 종사하는 사람이 많다. 교통사고가 많고, 공해고충건수가 많은 것이 염려된다.

안전·안심부문			
	수치	순위	평점
형사범죄인지수	775.4	12	8
공해고충건수	150.8	47	1
교통사고건수	972.1	46	1
화재건수	48.4	43	2
노동재해율	2.07	34	4
지방채	791,291	31	4
부채액	324	4	10
저축액	1,235	38	3
노인복지비	85.7	23	7
도움요구율	3.9	10	9
고민/스트레스	38.7	8	9
상담요구율	5.7	16	7

생활·가족부문			
	수치	순위	평점
출생률	1.61	2	10
미혼율	31.3	3	10
전입률	1.91	11	8
교제비	6.2	36	3
자가주택률	66.0	28	5
평수(다다미수)	13.59	41	2
하수도	52.4	34	4
생활보호	11.7	30	5
보육소정원	36.8	23	6

의료·건강부문			
	수치	순위	평점
휴식시간	120	40	3
취미오락시간	160	25	6
의료비	311	34	4
병상수	2106.9	8	9
의사수	229.0	22	6
노쇠사망자수	31.7	30	5
자살사망자수	29.8	41	2
평균수명(남)	78.62	26	5
평균수명(여)	86.11	14	8

노동·기업부문			
	수치	순위	평점
이직률	34.0	38	3
노동시간	153.4	44	2
직업보유율	57.8	30	5
정사원비율	62.7	14	8
취업희망자	80.39	11	8
취업기간	14.7	15	8
완전실업률	4.8	25	6
장애인고용	2.03	8	9
결손법인	68.7	5	10
평균공임월액	11,487	35	4

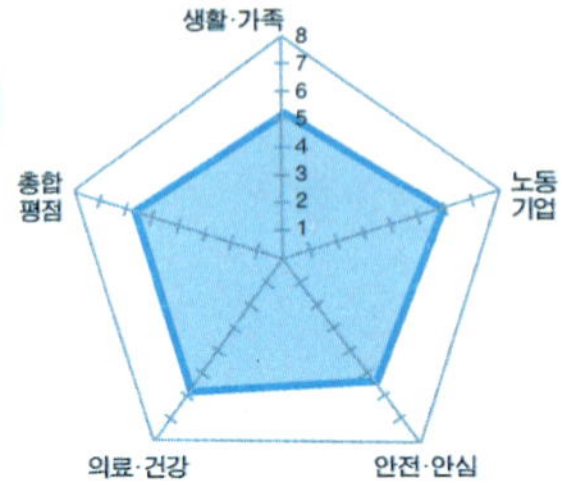

가고시마현(鹿児島県) 35위

마음 따뜻한 지역주민의 유대, 안전환경의 개선을

종합평균평점은 5.45점으로 전국 순위는 제35위이다. 4부문 지표에서는 돌출된 양호한 지표없이 평균적이지만, '안전·안심부문'만이 41위로 낮은 수치이다.

타네가섬(種子島), 야쿠섬(屋久島), 아마미제도(奄美諸島)를 포함하는 광대한 해역을 갖고 있는 풍요로운 현이다. 고민이나 스트레스를 안고 있는 사람이 적은 것이 특징이다. 또한 고민이나 스트레스를 안고 있어도 가까이에 상담가능한 사람이 있는 마음 따뜻한 주민성이 엿보인다. 농업생산이 높아 농업에 종사하면서 후계자가 될 아이를 키우고 있는 것으로 생각된다. 화재가 많고 노동재해가 많은 것이 염려된다.

안전·안심부문			
	수치	순위	평점
형사범죄인지수	668.3	5	10
공해고충건수	98.6	43	2
교통사고건수	643.3	34	4
화재건수	60.5	47	1
노동재해율	3.24	47	1
지방채	938,604	35	4
부채액	695	44	2
저축액	1,267	36	3
노인복지비	99.6	3	10
도움요구율	4.6	29	5
고민/스트레스	37.8	2	10
상담요구율	4.7	1	10

생활·가족부문			
	수치	순위	평점
출생률	1.56	4	10
미혼율	34.5	30	5
전입률	1.74	24	6
교제비	7.8	12	9
자가주택률	65.8	29	5
평수(다다미수)	13.82	37	3
하수도	38.9	44	2
생활보호	15.6	37	3
보육소정원	31.1	29	5

의료·건강부문			
	수치	순위	평점
휴식시간	129	19	7
취미오락시간	167	11	8
의료비	333	42	2
병상수	2464.9	2	10
의사수	236.3	21	6
노쇠사망자수	30.9	33	4
자살사망자수	24.4	22	6
평균수명(남)	77.97	41	2
평균수명(여)	85.70	28	5

노동·기업부문			
	수치	순위	평점
이직률	34.2	40	3
노동시간	148.8	27	5
직업보유율	56.5	41	2
정사원비율	61.2	23	6
취업희망자	80.93	2	10
취업기간	14.1	27	5
완전실업률	5.2	36	3
장애인고용	2.05	7	9
결손법인	69.6	10	9
평균공임월액	13,229	21	6

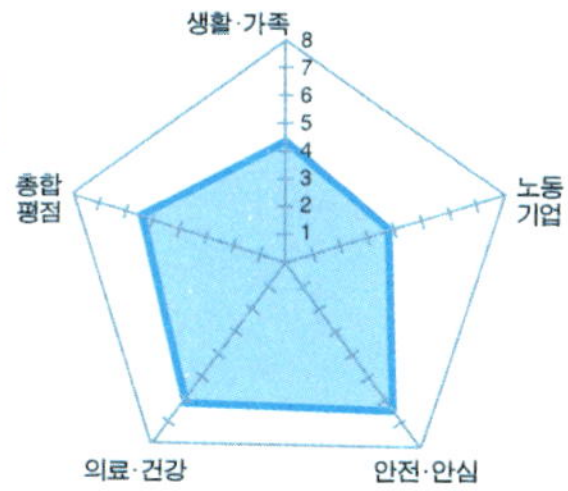

오키나와현(沖縄県) 41위

밝은 지역주민, 노동환경이 과제

종합평균평점은 5.20점으로 전국 순위는 제41위이다. 4부문 지표에서는 '안전·안심부문'이 7위로 높고, '생활·가족부문'이 42위, '노동·기업부문'이 46위로 낮다.

일하기 좋은 환경은 아니지만, 결손없는 기업이 많아 경영이 잘 되고 있다고 판단된다. 스트레스를 느끼고 있는 사람이 적은 것은 밝은 주민성 때문이 아닐까 생각한다. 풍부한 식문화가 수명을 연장하고 있다고 생각된다. 미혼율이 높은 것이 염려된다.

안전·안심부문			
	수치	순위	평점
형사범죄인지수	930.3	21	6
공해고충건수	62.7	19	7
교통사고건수	457.5	11	8
화재건수	39.4	19	7
노동재해율	2.82	43	2
지방채	466,516	4	10
부채액	473	27	5
저축액	661	47	1
노인복지비	97.6	4	10
도움요구율	2.8	1	10
고민/스트레스	37.2	1	10
상담요구율	6.3	37	3

생활·가족부문			
	수치	순위	평점
출생률	1.79	1	10
미혼율	42.7	47	1
전입률	1.82	15	8
교제비	6.8	27	5
자가주택률	50.2	46	1
평수(다다미수)	11.94	47	1
하수도	66.0	21	6
생활보호	17.7	41	2
보육소정원	37.3	22	6

의료·건강부문			
	수치	순위	평점
휴식시간	134	9	9
취미오락시간	155	40	3
의료비	265	13	8
병상수	1524.4	26	5
의사수	226.4	24	6
노쇠사망자수	16.1	47	1
자살사망자수	27.9	38	3
평균수명(남)	78.64	25	6
평균수명(여)	86.88	1	10

노동·기업부문			
	수치	순위	평점
이직률	32.1	27	5
노동시간	153.0	43	2
직업보유율	56.6	39	3
정사원비율	56.6	46	1
취업희망자	75.24	47	1
취업기간	11.1	47	1
완전실업률	7.6	47	1
장애인고용	1.86	12	8
결손법인	64.8	1	10
평균공임월액	13,058	22	6

제4장

GNH를 높이는 지역발전의 7개 관점

1 | 일하고 싶게 만드는 지역 사회 : 매력적인 취업공간을 창조한다

지역주민의 행복도를 높이는 제1의 방법은「지역내외에 거주하고 있는 사람들이 일하고 싶어하는 기업이나 해보고 싶은 매력적인 일을 지역 스스로가 만드는 것」이라고 생각한다. 그것도 그럴 것이 일생의 대부분을 보내는 직장에 큰 매력이 없이, 불평·불만·불신감이 쌓여있다고 한다면, 본인은 물론 그 가족도 결코 행복하다고 생각되지 않기 때문이다.

더하여 사람의 행복은 '다른 사람에게 칭찬받는 것', '사람으로서의 역할을 다하는 것', '다른 사람에게 필요한 존재가 되는 것' 그리고 '다른 사람에게 사랑받는 것'의 4가지라고 하지만, 그 대부분은 일하는 것을 통해 얻는 것이 가능한 까닭이다.

많은 장애인이나 고령자가 '일하고 싶다'고 말하고 있는 것은 단순히 금전만을 위한 것이 아니라, 행복해지고 싶기 때문인 것이다. 매력적인 취업공간을 제공하는 매력적인 기업 유형은 GNH가 강하게 요구되고 있는 최근에 와서 더 큰 의미를 가진다.

즉 이전에는 '브랜드', '급여', '복리후생', '업적' 그리고 '기술'이라고 하는 것이 중시되었지만, 지금은 '따뜻함', '사랑', '동료', '사회성', '조직풍토' 그리고 '리더'라고 하는 것이 중시되고 있다. 이러한 유형의 기업을 지역내에 다수 입지시키는 것이 중요하다.

사실 행복도 랭킹이 상위에 있는 현과 하위에 있는 현을 비교하면, 상위의 현은 직업보유율이나 정사원비율이 높고, 역으로 완전실업률이나 이직률은 전체적으로 낮다. 한편 낮은 등위의 현은 이것과는 반대로 직업보유율이나 정사원비율이 낮고, 완전실업률이나 이직률은 높게 나타나는 것을 알 수 있다.

상위에 있는 후쿠이현, 토야마현, 이시가와현, 돗토리현, 사가현, 구마모토현, 나가노현 그리고 시마네현 등은 지역에서 설립되고 육성된 매력적인 중견·중소기업의 비율이 높은 현으로 평가할 수 있다.

2 | 편리성이 높은 시설·서비스 : 매력적인 생활공간을 창조한다

지역주민의 행복도를 높이는 제2의 방법은 「지역내외에 거주하고 있는 사람들이 그 지역에서 생활하고 싶다고 생각하는 매력적인 생활공간을 창조하는 것」이다. 아무리 매력적인 취업공간이 준비되어있더라도 매력적인 생활공간이 부족하다면, 교류인구의 증가에는 기여할지 몰라도 상주인구의 증가에는 별로 기여하지 못하기 때문이다.

매력적인 생활공간이라 지역사람들의 생활편리성을 높이는 매력적인 시설이나 서비스산업 등이 충분히 존재하고 있는 것이다. 구체적으로 말하면 매력적인 쇼핑공간, 택시와 같은 교통편, 나아가 가사나 전문서비스분야에 있어 높은 편리성·높은 고객만족도의 산업이 존재하는가 유무이다. 이러한 생활밀착서비스분야에 있어 매력적인 기업의 존재는 향후 저출산고령화사회에 있어 지극히 중요하다고 생각한다.

매력적인 생활공간을 창조하려고 한다면 업계나 관청의 사정을 우선하는 지역발전·기업지원책이 되어서는 곤란하다. 지역주민들의 생활편리성을 높이고자 노력하고 있는 사람들이 보답받는 지역발전·기업지원책이 강하게 요구된다.

예컨대 매력적인 생활을 창출할 가능성이 높은 대형점포의 집적상황을 대형점포충족도(인구1인당 대형점포면적)로 보면(2007년), 종합랭킹 상위의 후쿠이현은 0.92㎡, 토야마현이 0.92㎡, 이시가와현이 1.02㎡ 등 상위의 현은 전체적으로 높은 수치를 보인다. 한편 하위의 오사카부는 0.67㎡, 고치현은 0.59㎡, 효고현은 0.84㎡ 등 전체적으로 낮은 수치를 나타낸다.

상위에 랭크된 현쪽이 인구1인당대형점포의 면적이 넓고, 그 결과 생활편리성시설이 풍부한 것으로 된다. 질이나 서비스가 중요한 것은 물론이다.

3 | 지적파워를 높이는 설비 : 매력적인 학습공간을 창조한다

지역주민의 행복도를 높이는 3번째 방법은 「지역주민이 배우고 싶다고 생각하도록 매력적인 학습공간을 창조하는 것」이라고 생각한다. 이는 인간의 행복은 자신의 성장, 타인에 대한 기여에 의해 실감하는 것이기 때문이다.

굳이 교육기관이라 하지않고 학습공간이라고 한 것은 초등학교나 중학교·고등학교, 나아가 대학교라고 하는 교육기관만이 아니고, 하드웨어·소프트웨어적인 사회교육을 포함한 '생애학습공간'을 창조할 필요가 있다고 생각하기 때문이다.

지역내에 매력적인 생애학습공간을 창조하는 것은 향후 점차 진행하는 지식사회에 있어서도 중요하다. 주민의 지적파워를 높이지 않는 한, 지역경제의 자립화는 불가능할 뿐만 아니라, 공동화되어버리기 때문이다.

때문에 지역내외에 ·거주하며 행복을 추구하는 사람들은 거주지나 근무처의 선택에 있어, 자녀를 포함하여 사회인을 위한 고도의 지적서비스 제공유무를 중시하는 것이다. 지역에 매력적인 생애학습공간을 창조하기 위해서는 기존의 교육기관이나 학습시설의 내부적 측면에 대한 매력도를 증가시켜야 함은 물론, 전국의 교육기관에 의뢰하여 네트워크를 구축, 어디서나 최첨단 지식이나 정보를 얻을 수 있는 공간을 창조하는 것도 효과적이다.

사실 문부과학성의 '지방교육비조사(2007년)'에서 각 현의 인구1인당 지출되어지는 사회교육비를 보면, 상위의 후쿠이현이 25,170엔, 토야마현이 23,769엔, 이시가와현이 26,085엔으로 전체적으로 높게 나타난다. 한편 하위의 오사카부가 8,598엔, 고치현이 18,929엔, 효고현이 11,056엔 등 전체적으로 낮게 나타난다. 그리고 고등학교진학율(2009년)을 보면, 후쿠이현이 98.7%, 토야마현이 98.5%, 이시가와현이 98.9%인데 비하여, 오사카부는 97.2%, 고치현은 98.0%, 효고현은 97.9% 등으로 나타났다.

물론 사회교육비는 연도에 따라 적잖이 등락하는 성질이 있고, 고등학교진학율도 가정의 경제적 이유나 그 지역의 산업구조 등의 문제와도 관련이 있다고 생각한다. 어떻든 간에 대학의 집적도나 진학률의 수준이라고 하는 것 보다는 사회교육이나 대학이전의 학교에 대한 매력도가 강한 영향을 준다는 것이다.

4 | 주민들간의 연계 : 매력적인 커뮤니티를 창조한다

지역주민의 행복도를 높이는 4번째 방법은 「지역주민이 매력적인 커뮤니티를 창조하는 것」이다. 커뮤니티는 물질적인 기회로의 접근을 제공해 주는 것뿐만 아니라, 정신적인 지지도 포함한다.

그러나 최근 일본의 커뮤니티가 충분히 기능하고 있다고는 도저히 생각되지 않는다. 제1장에서 서술한 OECD의 조사가 그것을 분명하게 보여주고 있다. '과거 1개월 동안 타인에게 도움을 준 적이 있습니까'란 질문에 대하여 '있다'고 응답한 사람이 가장 낮았던 것이다. 또한 '친구나 동료와 지내는 시간'이란 질문에 '없다'라고 답한 사람이 가장 높았다.

사회적 네트워크가 약하면 타인과의 접촉기회가 적어지고, 최종적으로는 고립감에 빠져들게 된다. 사회적으로 배제된 개인은 사회의 일원이 되어 공헌하는 것도, 개인적 바램을 실현하는 것도 어렵게 된다.

이번 행복도연구에서는 '스트레스가 있는 사람'이나 '고민이나 스트레스를 상담할 수 있는 사람이 없는 사람' 등을 조사하였지만, 결과데이터는 47개 도도부현에 있어 예외없이 심각하다. 커뮤니티의 최소단위는 가정이고, 지역사회이며, 일하는 직장이다. 이 커뮤니티의 재생없이 지역주민이 행복을 얻는 것은 곤란할 것이다.

상위의 현과 하위의 현에서 이번에 별로 상관관계가 보여지지 않은 지표는 '고민이나 스트레스가 있는 사람의 비율', '고민이나 스트레스를 상담하고 싶지만 누구에게도 상담받지 못하는 사람의 비율' 등 커뮤니티에 관한 항목이었다. 즉 매력적인 커뮤니티의 형성은 47 도도부현이 예외없이 공통적으로 갖는 문제인 것이다.

매력적인 커뮤니티를 창조하기 위해 가장 중요한 것은 '이타심'을 가진 사람이나 기업의 존재이다.

5 | 사회적 약자를 구하는 환경 : 매력적인 안전·안심공간을 창조한다

지역주민의 행복도를 높이는 제5의 방법은 「지역주민의 불안이나 걱정을 가능한 한 없애, 안전·안심할 수 있는 환경을 만드는 것」이다. 무엇보다 신체의 안전·안심의 확보는 개인행복의 핵심이기 때문이다. 보다 확실히 말하면 신체의 안전·안심이 위협받는 상황에서 행복하다고 느끼는 사람은 한명도 없기 때문이다. 이는 사회적 약자인 어린이나 고령자, 나아가 장애인 등에 있어서는 한층 더 그러하다.

이러한 안전·안심할 수 있는 지역만들기·기업만들기를 태만히 하면, 지역주민이나 지역에 입지·집적하고 있는 기업은 그 생명과 재산을 지키기 위해 지역밖으로 탈출해 버리게 된다. 그뿐 아니라 지역외에 입지하고 있는 매력적인 기업이 그런 지역에 특별히 들어가고자 하는 일도 없을 것이다.

그 결과 머지않아 그 지역사회는 공동화되어 갈 것이다. 코스트(cost)나 효율이 아닌 '행복도'라고 하는 척도로 거주하는 장소, 입지하는 장소를 결정하는 시대가 온 것이다.

이런 시대에 있어 매력적인 안전·안심공간을 창조하기 위해 하나는 하드웨어 측면, 다른 하나는 소프트웨어 측면에서의 지역만들기가 중요하다. 하드웨어 측면이란 사건이나 사고가 발생하는 그러한 공간의 정비나 사건·사고가 일어나지 않는 공간의 창출 등이고, 소프트웨어 측면이란 전술한 지역커뮤니티의 재생이나 관련된 정보제공이라고 생각한다.

이러한 점이 특히 현저하게 보여지는 것이 '10만 명당 형법범죄 인지건수'이다. 사실 행복도가 높은 현은 전체적으로 이 건수가 낮고 평점이 높게 나타나지만, 역으로 하위에 있는 현의 그것은 전체적으로 높고 평점도 낮게 나타난다.

이와 관련하여 행복도지수가 가장 높았던 후쿠이현은 '안전·안심부문'의 12개 항목 평균에서도 평점이 6.9점으로 47개 도도부현중 제1위였다.

6 | 지역주체의 건강만들기 : 매력적인 의료·복지공간을 창조한다

지역주민의 행복도를 높이는 제6의 방법은 「지역주민의 건강을 지켜주는 것」이다. 건강은 사람의 행복여하를 보여주는 최대급의 바로미터(기준)이다.

건강을 확보하는 것에는 개인이나 가족의 건강유지에 대한 이해와 관심, 그리고 노력도 필요하지만 역시 살아있는 인간의 몸이기 때문에 매력적인 의료기관이나 복지서비스기관의 존재도 빠질 수 없다.

매력적인 의료기관이나 복지서비스기관이란 인품 좋은 유능한 스텝을 갖추고, 기술수준만이 아닌 서비스의 수준도 높아지지 않으면 안 된다. 이것이 지역전체의 의료시스템으로서 다이나믹하게 기능하고 있는 것이 중요하다.

저출산고령화사회로 진행하면서 사회적 약자에 대한 이해와 관심이 높아지는 가운데, 이러한 매력은 점차 중요해지고 있다고 생각한다.

GNP나 GDP를 중시한 지역발전을 해 온 시대에는 전체적으로 우선도가 낮았지만,

향후는 이러한 기능의 유무가 사람의 정주나 기업의 신규입지에 영향을 줄 것이다.

매력적인 의료기관이나 복지서비스기관을 지역에 입지·집적하기 위해서는 이제까지 병원, 대학의학부에 맡겨 왔던 지역만들기 방식으로는 곤란하다. 지역이 보다 주체성을 가지고, 지역주민을 감싸 안고, '우리 병원, 우리 복지시설'이라고 부를 수 있는 공간만들기가 필요하다.

의료·복지기관의 존재가 지역주민의 행복도를 높이는 기능으로 중요한 것은 이번의 조사연구결과를 봐도 명확하게 나타난다. 의료·건강부문의 9개 지표의 평균지표를 보면 행복도가 높은 현의 그것이 낮은 현의 그것보다(아히메현, 미야기현, 후쿠오카현, 홋카이도 그리고 도쿄도 등 일부를 제외하고) 전반적으로 높게 나타나고 있는 것을 알 수 있다.

7 | 단체장의 강한 의지 : 매력적인 행정을 창조한다

지역주민의 행복도를 높이는 제7의 방법은 지역사회의 본사라고 해도 과언이 아닌 「행정기관의 매력도 제고」이다. 무엇보다 이것은 당연한 것이다. 예컨대 기업으로 말하면 본사의 스텝이 현장의 고충을 본체만체하고, 자신들이 편한대로 해나간다면 현장스텝으로부터 신뢰성을 잃어 그 조직은 내부로부터 붕괴되어 갈 것이 자명하기 때문이다.

한편 현장에서 일하는 사원이나 가족의 생명과 생활을 지키기 위해 힘쓰고 있는 본사라면, 현장스텝의 사기는 당연히 높아진다. 이는 행정도 마찬가지이다.

대략 최근 20년 동안 지역간 격차가 크게 생겼는데, 그 요인의 하나는 행정력 격차가 아닐까 생각한다. 즉 지역내외의 사람이나 기업에 우호적인 지역은 행정의 지역만들기 매력이나 행정스텝 등의 매력도 클 것이라 생각한다.

사실 야간인구는 물론 주간인구나 교류인구가 증가하고, 활성화가 느껴지는 거리나 활기찬 기업이 존재하는 지역, 나아가 지역외부로부터 사람이나 자연이 친절하고 살기좋다고 가치를 인정받는 지역, 유치에 성공하고 있는 지역에는 매력적인 리더, 매력적인 스텝이 예외없이 있는 까닭이다.

행정스텝 중에서 특히 중요한 인물은 단체장이다. 더하여 지방의원도 중요하다. 주민본위의, 주민의 행복도를 높이는 지역만들기에 열정을 가지고 인격, 식견, 능력을 갖춘 단체장과 의원이 태그팀(tag team)을 구성하여 힘을 다해 일하지 않으면 주민의 행복도를 높이는 일은 불가능하다고 생각한다.

의욕없는 혹은 동기가 실로 불순한 단체장이나 의원이 주도하는 지역, 서로간 대립이 계속되는 지역에 매력을 느낄 사람이나 기업이 존재할 까닭이 없는 것이다.

이러한 것은 남의 일이 아니다. 이는 그곳이 우리가 태어나고 자라며, 일하고, 거주하고 있는 지역이기 때문이다. 또한 지역의 단체장이나 의원을 우리가 선택할 권리가 있기 때문이다. 때문에 방관자가 되어서는 안되는 것이다.

지표의 의미와 출처

[생활·가족부문]

(1) '합계특수출생률'이란 여성 1인(15세~49세)이 그 해에 낳은 평균적인 아이의 수. 수치가 높으면 아이를 출산할 수 있는 환경이 좋다고 판단하고 지역주민의 행복도가 높은 것으로 하였다. 자료는 '인구동태총계2009년(후생노동성)'을 사용하였다.

(2) '미혼율'이란 그 해의 15세 이상 인구 1,000명당 미혼건수. 이 수치가 낮을수록 지역주민의 행복도가 높아지는 것으로 하였다. 자료는 '인구동태총계2009년(후생노동성)'을 사용하였다.

(3) '전입률'이란 그 해의 타 도도부현으로부터의 전입자가 해당 도도부현의 인구에서 점하는 비율. 수치가 높을수록 지역주민의 행복도가 높은 것으로 하였다. 자료는 '주민기본대장 인구이동보고 2009년(총무성)'을 사용하였다.

(4) '교제비비율'이란 그 해의 가계소비지출에서 점하는 교제비지출의 비율. 수치가 높으면 지역주민과의 관계성이 강한 것으로 판단하고, 지역주민의 행복도가 높아지는 것으로 하였다. 자료는 '가계조사연보 2009년(총무성)'을 사용하였다.

(5) '주택보유율'은 그 해에 거주세대가 있는 주택수에서 자기주택자 수의 비율. 수치가 높으면 지역주민의 행복도가 높은 것으로 하였다. 자료는 '주택·토지통계조사 2009년(총무성)'을 사용하였다.

(6) '1인당다다미수'란 그 해 자기보유주택의 평면적을 세대인구로 나누어 다다미수로 환산한 것. 수치가 높으면 지역주민의 행복도가 높은 것으로 하였다. 자료는 '주택·토지통계조사 2009년(총무성)'을 사용하였다.

(7) '하수도보급율'이란 그 해의 인구에서 점하는 하수도 처리인구의 비율. 수치가 높으면 지역주민의 행복도가 높은 것으로 하였다. 자료는 '하수도처리인구보급율 2009년(국토교통성)'을 사용하였다.

(8) '생활보호피보호실인원비율(보호율)'이란 그 해의 생활보호피보호 실재인원을 인구 1000으로 나눈 비율. 수치가 낮으면 생활보호세대인구가 적다고 판단하고, 지역주민의 행복도가 높은 것으로 하였다. 자료는 '복지행정보고례 2008년(후생노동성)'과 '주민기본대장 2008년(총무성)'을 사용하였다.

(9) '보육소 수용정원비율'이란 그 해의 보육소 수용정원수를 0세부터 4세 인구로 나

눈 비율. 이 비율이 높으면 양육지원시설이 충실한 것으로 판단하고, 행복도가 높은 것으로 하였다. 자료는 '복지행정보고례 2010년(후생노동성)'과 '주민기본대장 2008년(총무성)'을 사용하였다.

[노동·기업부문]

(10) '이직률(이직비취업자율)'이란 그 해의 15세 이상 인구에서 취업자 및 취업경험자에 점하는 이직비취업자의 비율. 수치가 낮으면 직장만족도가 높은 것으로 판단하고, 지역주민의 행복도가 높은 것으로 하였다. 자료는 '취업구조기본통계조사 2007년(총무성)'을 사용하였다.

(11) '총실재노동시간'이란 그 해의 상용노동자 1인당 월간 정규근무시간과 시간외 근무시간의 합계. 수치가 낮으면 노동부하가 낮고, 지역주민의 행복도가 높은 것으로 하였다. 자료는 '매월근로통계조사 2009년(후생노동성)'을 사용하였다.

(12) '직업보유율'이란 그 해의 15세 이상을 점하는 직업보유자(수입을 얻을 목적으로 일을 하고 있는 사람)의 비율. 이 비율이 높으면 취업의 기회가 많고, 지역주민의 행복도가 높은 것으로 하였다. 자료는 '취업구조기본조사 2007년(총무성)'을 사용하였다.

(13) '정사원비율'이란 그 해의 고용자에서 점하는 정사원의 비율. 수치가 높으면 고용안정도가 높고, 지역주민의 행복도가 높은 것으로 하였다. 자료는 '취업구조 기본조사 2007년(총무성)'을 사용하였다.

(14) '계속취업희망자비율'이란 그 해의 직업보유자에서 점하는 계속취업희망자의 비율. 수치가 높으면 직장만족도가 높고, 지역주민의 행복도가 높은 것으로 하였다. 자료는 '취업구조 기본조사 2007년(총무성)'을 사용하였다.

(15) '직업보유자의 평균계속취업기간'이란 그 해 직업보유자의 평균계속취업기간. 그 기간이 길면 직장만족도가 높고, 지역주민의 행복도가 높은 것으로 하였다. 자료는 '취업구조 기본조사 2007년(총무성)'을 사용하였다.

(16) '완전실업률'이란 그 해 노동력인구에서 점하는 완전실업자수의 연간평균비율. 수치가 낮으면 취업률이 높고, 지역주민의 행복도가 높은 것으로 하였다. 자료는 '노동력조사 2010년(총무성)'을 사용하였다.

(17) '장애인고용율'이란 그 해에 있어 장애인고용촉진법이 정한 기업의 장애인 고용

비율. 수치가 높으면 규정준수 기업이 많고, 지역주민의 행복도가 높은 것으로 하였다. 자료는 '장애인고용상황집계결과 2010년(후생노동성)'을 사용하였다.

(18) '결손법인비율'이란 그 해의 민간법인기업에서 점하는 결손법인(적자기업)의 비율. 수치가 낮으면 재무가 건전한 기업이 많고, 지역주민의 행복도가 높은 것으로 하였다. 자료는 '국세청통계연보 2008년(국세청)'을 사용하였다.

(19) '작업소 평균공임월지급액의 실적'이란 그 해의 작업소(장애인취로지원시설)에서 일하는 장애인의 평균공임(월급). 수치가 높으면 장애인의 수입이 많고, 지역주민의 행복도가 높은 것으로 하였다. 자료는 '작업소평균공임 2009년(후생노동성 조사)'을 사용하였다.

[안전·안심부문]

(20) '10만 명당 형법범죄 인지건수'란 그 해의 인구 10만 명에 대한 형법범죄 인지건수. 수치가 낮으면 안전·안심할 수 있는 지역사회이고, 지역주민의 행복도가 높은 것으로 하였다. 자료는 '범죄통계자료 2010년(경찰청)'을 사용하였다.

(21) '10만 명당 공해고충건수'란 지역공공단체가 수리한 그 해의 인구 10만 명에 대한 공해고충건수. 수치가 낮으면 지역사회의 공해 등이 적고, 지역주민의 행복도가 높은 것으로 하였다. 자료는 '공해고충조사결과보고 2009년(공해등조사위원회)'을 사용하였다.

(22) '10만 명당 교통사고발생건수'란 그 해의 인구 10만 명당 교통사고 발생건수(인신사고). 수치가 낮으면 지역사회의 안심·안전도가 높고, 지역주민의 행복도가 높은 것으로 하였다. 자료는 '교통사고 발생건수 2009년(경찰청)'을 사용하였다.

(23) '10만 명당 화재건수'란 그 해의 인구 10만 명당 화재발생건수. 수치가 낮으면 지역주민의 안심·안전도가 높고, 지역주민의 행복도가 높은 것으로 하였다. 자료는 '화재상황 2009년(소방청)'을 사용하였다.

(24) '100만 연실질노동시간당 노동재해율'이란 그 해 100만 노동시간당 노동재해건수(사상자). 수치가 낮으면 취업자의 근로환경이 정비되어 있고, 지역주민의 행복도가 높은 것으로 하였다. 자료는 '노동재해동향조사 2008년(후생노동성)'을 사용하였다.

(25) '1인당 지방채현재액'이란 그 연도말 지방채 발행잔고. 수치가 낮으면 지역사회

의 차금이 적고, 지역주민의 행복도가 높은 것으로 하였다. 자료는 '도도부현결산상황조사 2008년(총무성)'을 사용하였다.

(26) '1세대당 부채현재액'이란 그 해의 1세대당 평균 부채의 현재액. 수치가 낮으면 가족의 차금이 적고, 지역주민의 행복도가 높은 것으로 하였다. 자료는 '가계조사연보 2009년(총무성)'을 사용하였다.

(27) '1세대당 저축현재액'이란 그 해 1세대당 평균 저축현재액. 수치가 높으면 가족의 장래대비정도가 높고, 지역주민의 행복도가 높은 것으로 하였다. 자료는 '가계조사연보 2009년(총무성)'을 사용하였다.

(28) '65세이상 1인당 노인복지비'란 그 해의 도도부현 회계에서 65세 이상 인구 1인에 대한 노인복지비. 수치가 높으면 노인복지에 대한 예산이 풍족하고, 지역주민의 행복도가 높은 것으로 하였다. 자료는 '도도부현 결산상황조사 2008년(총무성)'을 사용하였다.

(29) '도움 및 돌봄 요구자비율'이란 그 해의 인구에서 점하는 도움·돌봄을 요구하는 사람의 비율. 수치가 낮으면 사회적 약자가 적고, 지역주민의 행복도가 높은 것으로 하였다. 자료는 '국민생활기본조사 2007년(후생노동성)'을 사용하였다.

(30) '고민 및 스트레스 보유자비율'이란 그 해의 인구에서 점하는 고민·스트레스 보유자의 비율. 수치가 낮으면 스트레스가 있는 사람이 적고, 지역주민의 행복도가 높은 것으로 하였다. 자료는 '국민생활기초조사 2007년(후생노동성)'을 사용하였다.

(31) '고민이나 스트레스로 상담을 원하지만 상담받지 못하고 있는 자의 비율'이란 그 해의 고민·스트레스 보유자에서 점하는 상담불가능한 사람의 비율. 수치가 낮으면 고민·스트레스를 상담할 수 있는 사람이 주변에 있고, 지역주민의 행복도가 높은 것으로 하였다. 자료는 '국민생활기초자사 2007년(총무성)'을 사용하였다.

[의료·건강부문]

(32) '1일중 휴양·휴식시간'이란 그 해의 10세 이상 인구(남녀평균)의 1일 생활시간에서 점하는 휴양·휴식시간. 수치가 높으면 무리한 생활을 하지 않고, 지역주민의 행복도가 높은 것으로 하였다. 자료는 '사회생활기본조사 2006년(총무성)'을 사용하였다.

(33) '1일중 취미·오락시간'이란 그 해의 10세 이상 인구(남녀평균)의 1일 생활시간에서 점하는 취미·오락시간. 수치가 높으면 취미·오락시간이 길고, 지역주민의 행복도가 높은 것으로 하였다. 자료는 '사회생활기본조사 2006년(총무성)'을 사용하였다.

(34) '1인당 의료비'란 그 해의 인구 1인당 의료비(의료기관에 지불된 경비). 수치가 낮으면 건강하다고 판단하고, 지역주민의 행복도가 높은 것으로 하였다. 자료는 '국민의료비 2009년(후생노동성)'을 사용하였다.

(35) '10만 명당 병원·진료소의 병상수'란 그 해의 인구 10만 명당 병원(병상수 20개 이상)의 병상수와 진료소(병상수 19개 이하)의 병상수의 합계. 수치가 높으면 의료시설이 충분하고, 지역주민의 행복도가 높은 것으로 하였다. 자료는 '의료시설조사·병원보고개황 2008년(후생노동성)'을 사용하였다.

(36) '10만 명당 의사수'란 그 해의 인구 10만 명당 의사의 수. 수치가 높으면 의료종사자가 지역사회에 많고, 지역주민의 행복도가 높은 것으로 하였다. 자료는 '의사·치과의사·약제사조사개황 2008년(후생노동성)'을 사용하였다.

(37) '10만 명당 노쇠사망자수'란 그 해의 인구 10만 명당 노쇠사망자수. 수치가 높으면 건강한 주민이 많고, 지역주민의 행복도가 높은 것으로 하였다. 자료는 '인구동태통계 2009년(후생노동성)'을 사용하였다.

(38) '10만 명당 자살사망자수'란 그 해의 인구 10만 명당 자살사망자수. 수치가 낮으면 자살자가 적고, 지역주민의 행복도가 높은 것으로 하였다. 자료는 '인구동태통계 2009년(후생노동성)'을 사용하였다.

(39) '평균수명(남)'이란 그 해의 남성평균수명. 수치가 높으면 장수하고, 지역주민의 행복도가 높은 것으로 하였다. 자료는 '도도부현별 생명표 2005년(후생노동성)'을 사용하였다.

(40) '평균수명(여)'이란 그 해의 여성평균수명. 수치가 높으면 장수하고, 지역주민의 행복도가 높은 것으로 하였다. 자료는 '도도부현별 생명표 2005년(후생노동성)'을 사용하였다.